Esta colecção visa essencialmente o estudo da evolução do Homem sob os aspectos mais genericamente antropológicos – isto é, a visão do Homem como um ser que se destacou do conjunto da natureza, que soube modelar-se a si próprio, que foi capaz de criar técnicas e artes, sociedades e culturas.

PERSPECTIVAS DO HOMEM

1. *A Construção do Mundo*, Marc Auge
2. *Os Domínios do Parentesco*, Marc Auge
3. *Antropologia Social*, E. E. Evans-Pritchard
4. *Antropologia Económica*, François Pouillon
5. *O Mito do eterno Retorno*, Mircea Eliade
6. *Introdução aos Estudos Etno-Antropológicos*, Bernardo Bernardi
7. *Tristes Trópicos*, Claude Lévi-Strauss
8. *Mito e Significado*, Claude Lévi-Strauss
9. *A Ideia de raça*, Micahel Banton
10. *O Homem e o Sagrado*, Roger Caillois
11. *Guerra, Religião, Poder* , P. Clastres, M. Gauchet, A. Adler, J. Lizot e tal.
12. *O Mito e o Homem*, Roger Caillois
13. *Antropologia: Ciência das Sociedades Primitivas*, J. Copans, S. Tornay, M. Godelier et al.
14. *Os Horizontes da Antropologia*, Maurice Godelier
15. *Críticas e Políticas da Antropologia,* Jaen Copans
16. *O Gesto e a Palavra I – Técnica e Linguagem*, André Leroi-Gourhan
17. *As Religiões da Pré-História*, André Leroi-Gourhan
18. *O Gesto e a Palavra II – A Memória e os Ritmos*, André Leroi-Gourhan
19. *Aspectos do Mito*, Mircea Eliade
20. *Evolução e Técnicas I – O Homem e a Matéria*, André Leroi-Gourhan
21. *Evolução e Técnicas II – Meio e Técnicas*, André Leroi-Gourhan
22. *Os Caçadores da Pré-História*, André Leroi-Gourhan
23. *As Epidemias na História do Homem*, J-J. Sournia, J. Ruffié
24. *O Olhar Distanciado*, Claude Lévi-Strauss
25. *Magia, Ciência e Civilização*, Jacob Bronowski
26. *O Totemismo Hoje*, Claude Lévi-Strauss
27. *A Oleira Ciumenta*, Claude Lévi-Strauss
28. *A lógica da Escrita e a Organização da Sociedade*, Jack Goody
29. *Ensaio sobre a Dádiva*, Marcel Mauss
30. *Magia, Ciência e Religião*, Bronislaw Malinowski
31. *Individuo e Poder*, Paul Veyne, J.-P. Vernant, Paul Ricoeur et al.
32. *Mitos, Sonhos e Mistérios*, Mircea Eliade
33. *História do Pensamento Antropológico*, E. E. Evas-Pritchard
34. *Origens*, Mircea Eliade
35. *A Diversidade da Antropologia*, Edmund Leach
36. *Estrutura e Função nas Sociedades Primitivas*, Radcliffe-Brown
37. *Canibais e Reis*, Marvin Harris
38. *História das Religiões*, Maurílio Adriani
39. *Pureza e Perigo*, Mary Douglas
40. *Mito e Mitologia*, Walter Burkert
41. *O Sagrado*, Rudolf Otto
42. *Cultura e Comunicação*, Edmund Leach
43. *O Saber dos Antropólogos*, Dan Sperber
44. *A Natureza da Cultura*, A. L. Kroeber
45. *A Imaginação Simbólica*, Gilbert Durand
46. *Animais, Deuses e Homens,* Pierre Lévêque
47. *Uma Teoria Científica da Cultura*, Bronislaw Malinowski
48. *Signos, Símbolos e Mitos*, Luc Benoist
49. *Introdução à Antropologia*, Claude Rivière
50. *Esboço de uma Teoria Geral da Magia*, Marcel Mauss
51. *O Enigma da Dádiva*, Maurice Godelier
52. *A Ciência dos Símbolos*, René Alleau
53. *Introdução à Teoria em Antropologia*, Robert Layton
54. *Claude Lévi-Strauss,* Catherine Clément
55. *Comunidades Imaginadas,* Benedict Anderson
56. *A Antropologia,* Marc Augé e Jean Paul Colleyn
57. *Intimidade Cultural*, Michael Herzfeld

ANTROPOLOGIA SOCIAL

TÍTULO ORIGINAL
Social Anthropology

TRADUÇÃO
Ana Maria Bessa

DESIGN DE CAPA
FBA

Na capa: desenho sobre uma ilustração de um mercado no Cairo

DEPÓSITO LEGAL
322868/11

Biblioteca Nacional de Portugal - Catalogação na Publicação

EVANS PRITCHARD, Edward, 1902-1973

Antropologia Social. – (Perspectivas do homem; 3)

ISBN 978-972-44-1598-7

CDU 39
316

ISBN da 1ª edição: 972-44-0032-8

IMPRESSÃO E ACABAMENTO
DPS – DIGITAL PRINTING SERVICES, LDA
para
EDIÇÕES 70, LDA.
em Julho 2013

EDIÇÕES 70, Lda.
Avenida Fontes Pereira de Melo, 31 – 3° C
1050-117 Lisboa / Portugal

e-mail: geral@edicoes70.pt

www.edicoes70.pt

ANTROPOLOGIA SOCIAL

E. E. EVANS-PRITCHARD

70

Prefácio

Estas seis conferências foram proferidas no Terceiro Programa da BBC, no inverno de 1950. Dou-as à estampa tal como foram difundidas, salvo algumas ligeiras alterações de vocabulário. Não me pareceu conveniente mudar ou acrescentar o que foi escrito para ser lido, dentro das limitações impostas pelo meio de expressão e com um propósito e um público determinados.

Para a maioria das pessoas, a Antropologia Social não representa mais que um nome, mas espero que estas lições radiofónicas sobre a matéria sirvam para divulgar o alcance e os métodos desta ciência. Confio em que a publicação das mesmas em livro servirá para o mesmo fim. Creio que esta obra pode ser também de utilidade para os estudantes das cadeiras de Antropologia nas universidades inglesas e americanas, já que existem muito poucos textos breves que possam servir de introdução ao estudo desta disciplina. Por isso mesmo acrescentei uma pequena bibliografia.

Muitas das ideias expressas nestas conferências já as tinha dado a conhecer anteriormente, e às vezes da mesma forma. Agradeço portanto a autorização para reproduzi-las novamente aos delegados da Clarendon Press e aos editores de *Man*, *Blackfriars* e *Africa* ([1]).

([1]) *Social Anthropology* (Antropologia Social), conferência inaugural proferida na Universidade de Oxford em 4 de fevereiro de 1948, Clarendon Press, 1948; *Social Anthropology: Past and Present* (Antropologia Social: Passado e Presente), Marett Lecture proferida no Exeter College Hall, Oxford, em 3 de junho de 1950, *Man*, 1950, n.º 198; *Social Anthropology* (Antropologia Social), *Blackfriars*, 1946; *Applied Anthropology* (Antropologia Aplicada), conferência pronunciada na Sociedade Antropológica da Universidade de Oxford em 29 de novembro de 1945, *Africa*, 1946.

Agradeço ao senhor K. O. L. Burridge a sua ajuda na preparação destas conferências e aos meus colegas do Instituto de Antropologia Social de Oxford, assim como ao senhor T. B. Radley, da BBC, os seus conselhos e as suas críticas.

E. E. E. P.

I

Alcance do Tema

Nestas conferências, tentarei dar-vos uma ideia geral do que é a Antropologia Social. Sei perfeitamente que existe uma confusão bastante grande a respeito desta matéria, mesmo entre os profanos com um certo nível cultural. Na maior parte das pessoas, o nome suscita vagas associações de ideias entre macacos e crânios, ou entre ritos estranhos de selvagens e curiosas superstições. Creio que não me vai ser difícil fazer-lhes ver o erro dessas associações mentais.

A minha abordagem desta matéria pautar-se-á por este facto. Partirei do princípio de que alguns ignoram totalmente o que é a Antropologia Social e de que outros têm uma ideia equivocada a seu respeito. Espero que os que conheçam algo sobre o tema saibam desculpar-me se na minha exposição o discuto de uma forma que possa parecer-lhes elementar.

Nesta primeira conferência explicarei o alcance geral da matéria, enquanto na segunda e na terceira falarei do progresso teórico desta ciência. A quarta será dedicada àquela parte da investigação que denominamos trabalho de campo e a quinta mostrará, através de alguns exemplos de estudos modernos, o desenvolvimento da teoria e do trabalho de campo. Na última conferência examinarei a relação entre a Antropologia Social e a vida prática.

Na minha exposição, e sempre que seja possível, tratarei de limitar-me à Antropologia Social em Inglaterra, principalmente para evitar dificuldades de apresentação, uma vez que, se tivesse de ocupar-me também do desenvolvimento da matéria nos países do Continente e na América, ver-me-ia obrigado a condensar tanto material que o ganho em compreensão não poderia compensar o perdido em clareza e continuidade. Como em Inglaterra a Antropologia Social teve um desenvolvimento bastante independente, esta limitação tem menos importância do que aquela que assumiria em muitos outros campos do conhecimento. De qualquer modo, não deixarei de mencionar os autores e tendências estrangeiros que têm exercido uma apreciável influência sobre os estudiosos ingleses.

Porém, mesmo dentro destes limites, não é fácil dar-vos uma definição simples e clara dos fins e dos métodos da Antropologia Social, porque nem sequer entre os que se dedicam a esta disciplina existe um acordo total nestes assuntos. Naturalmente, há uma coincidência completa de opiniões em muitas matérias e divergências em outras; como sucede frequentemente no estudo de um tema novo e muito amplo, as ideias divergentes tendem a confundir-se com as personalidades que as sustentam, pois os cientistas são talvez mais dados a identificar-se com as suas opiniões do que quaisquer outras pessoas.

As preferências pessoais, quando há necessidade de as expressar, não têm importância se são abertamente reconhecidas como tal. As ambiguidades são muito mais perigosas. A Antropologia Social tem um vocabulário técnico muito limitado e vê-se obrigada a recorrer à linguagem comum, que, como todos sabem, não é muito exata. Os termos «sociedade», «cultura», «costume», «religião», «sanção», «estrutura», «função», «político», «democrático», nem sempre comportam o mesmo significado, quer para diferentes pessoas, quer em diferentes contextos. Este problema podia sanar-se introduzindo uma série de vocábulos novos ou dando um significado restrito e técnico às palavras de uso quotidiano. Mas se este processo se generalizasse, além das dificuldades para conseguir que todos se pusessem de acordo sobre os novos conceitos, chegar-se-ia rapidamente a uma gíria só compreensível pelos estudiosos profissionais. Perante a alternativa de lidar de muito perto com as obscuridades da linguagem quotidiana ou com as obscuridades da gíria especializada, parece-me menos arriscado preferir as formas do discurso comum, pois o que nos ensina a Antropologia Social não diz apenas respeito aos profissionais, mas antes a toda a gente.

Em Inglaterra e, ainda que em menor grau, nos Estados Unidos, a expressão Antropologia Social é utilizada para designar uma parte de uma matéria mais vasta que é a Antropologia, isto é, o estudo do homem num certo número de aspetos. O seu objeto está relacionado com as culturas e as sociedades humanas. Na Europa continental prevalece outra terminologia. Quando aí se fala de Antropologia, que para nós significa o estudo completo do homem, quer-se referir o que nós em Inglaterra denominamos Antropologia Física, que é o estudo biológico do homem. O que nós denominamos Antropologia Social chama-se ali Etnologia ou Sociologia.

Mesmo em Inglaterra só há pouco tempo começou a ser usada a expressão «Antropologia Social». Contudo, tem-se vindo a ensinar sob a designação de Antropologia ou Etnologia, em Oxford, desde 1884, em Cambridge, desde 1900, e em Londres, desde 1908. A primeira cátedra que teve oficialmente a designação de «Antropologia Social» foi a cátedra honorária de Sir James Frazer, em Liverpool, em 1908. A disciplina alcançou uma grande difusão e com o nome de Antropologia Social existem agora vários cursos numa série de universidades da Grã-Bretanha e dos Domínios.

Como esta disciplina apenas é uma parte do amplo capítulo da Antropologia, costuma ser ensinada juntamente com os outros ramos dessa ciência: Antropologia Física, Etnologia, Arqueologia Pré-Histórica e, por vezes, Linguística Geral e Geografia Humana. Como as últimas duas matérias raramente figuram nos cursos de Antropologia deste país, já não me referirei mais a elas. Quanto à Antropologia Física, que atualmente tem muito pouco em comum com a disciplina que nos ocupa, só direi que constitui um ramo da Biologia Humana que estuda, entre outras coisas, a hereditariedade, a nutrição, as diferenças sexuais, a anatomia comparada e a fisiologia das raças e a teoria da evolução humana.

A Etnologia é a matéria que se encontra mais relacionada com o nosso tema. Este facto compreender-se-á melhor se se souber que embora os antropólogos sociais considerem que o seu objeto integra todas as culturas e sociedades humanas, incluindo a nossa, o seu esforço, por razões que mencionarei mais tarde, tem-se orientado quase exclusivamente para o estudo dos povos primitivos. Como os etnólogos se dedicam também ao estudo destas sociedades, observa-se portanto uma notável coincidência entre as duas disciplinas.

Contudo, importa destacar que embora a Etnologia e a Antropologia Social trabalhem fundamentalmente com o mesmo tipo de sociedades, os seus objetivos são muito diferentes. Assim, ainda que no passado não se fizesse uma distinção muito clara entre ambas, hoje em dia são consideradas duas disciplinas diferentes. A Etnologia ocupa-se em classificar os povos em função das suas características raciais e culturais, para depois explicar, baseada na deslocação e mistura dos povos e na difusão das culturas, a sua distribuição no presente e no passado.

A classificação de povos e culturas é um estudo preliminar essencial para as comparações entre sociedades primitivas que os antropólogos sociais fazem, porque é altamente conveniente, e até mesmo necessário, principiar o trabalho comparativo com as que possuem o mesmo nível cultural, ou seja, as que constituem o que Bastian chamou, há muito tempo, «províncias geográficas» ([2]). Porém, quando os etnólogos tratam de reconstituir a história de povos primitivos de cujo passado não se conserva documentação histórica, não têm mais remédio, para estabelecer as suas conclusões, do que fiar-se nas deduções obtidas por provas circunstanciais. Tendo em conta a natureza do assunto, as conclusões nunca podem ser mais do que prováveis reconstruções. Assim, por vezes, há uma série de hipóteses diferentes e até contraditórias que se ajustam igualmente bem aos factos conhecidos. A Etnologia não é pois História, na aceção comum da palavra, já que esta não nos diz que factos poderiam ter acontecido, mas antes afirma os que aconteceram; não só assegura a sua existência, como também detalha como, quando e, amiúde, porque sucederam. Por essa razão e, além disso, porque pouco nos pode informar sobre a vida social que os povos primitivos desenvolveram, as conjeturas da Etnologia têm escasso valor para os antropólogos sociais. Pelo contrário, as suas classificações são muito úteis.

A Arqueologia Pré-Histórica pode ser considerada como um ramo da Etnologia que trata de reconstruir a história dos povos e civilizações a partir dos restos humanos e culturais postos a descoberto nas escavações e sedimentos geológicos. Do mesmo modo que a Etnologia, também utiliza provas circunstanciais. À sua semelhança, pouca informação com interesse proporciona ao antropólogo social, pois em vez de se ocupar com as ideias e instituições dos

([2]) Adolf Bastian, *Controversen in der Ethnologie*, 1893.

povos, dedica-se antes a descobrir e a classificar ossos e objetos. Outro ramo da Etnologia é a Tecnologia Comparada, que se ocupa em especial das sociedades primitivas. Tal como se ensina hoje em dia, não é mais do que um auxiliar da Etnologia e da Pré-História.

O objeto da Antropologia Social é bastante diferente. Como demonstrarei em seguida, estuda o comportamento social, geralmente em formas institucionalizadas, como a família, sistemas de parentesco, organização política, procedimentos legais, ritos religiosos, e assim por diante, além das relações entre tais instituições; estuda-se em sociedades contemporâneas ou naquelas comunidades históricas sobre as quais existe uma informação adequada para a realização de tais investigações.

Assim, enquanto um hábito de um povo, examinado num mapa de distribuição, tem interesse para o etnólogo como prova de um movimento étnico, de uma tendência cultural ou de um contacto anterior entre povos, para o antropólogo social é, noutra perspetiva, uma parte da vida social total no momento dado. A mera probabilidade de que esse costume tenha sido tomado doutra comunidade não o preocupa excessivamente, uma vez que não pode estar seguro desse facto, e, mesmo que o estivesse, não sabe como, quando e porque aconteceu. Por exemplo, certos povos da África Oriental têm o Sol como o seu símbolo de Deus. Para certos etnólogos, este facto prova a influência do Antigo Egito. O antropólogo social sabe que não pode demonstrar-se a verdade ou falsidade desta hipótese e por isso está mais sensibilizado para relacionar o simbolismo solar com todo o sistema de crenças e cultos desses povos. Comprovamos assim que o etnólogo e o antropólogo social podem utilizar a mesma informação etnográfica, mas com finalidades diferentes.

Os programas dos cursos universitários de Antropologia poderiam ser graficamente representados por três círculos que se intersetam, simbolizando cada um deles os estudos biológicos, históricos e sociológicos. As áreas comuns aos três seriam a Antropologia Física, a Etnologia (incluindo a Arqueologia Pré-Histórica e a Tecnologia Comparada) e a Antropologia Social. Embora estas três disciplinas antropológicas tenham como campo comum de estudo o homem primitivo, os seus fins e métodos são, segundo vimos, bastante diferentes. Se se ensinam juntas, em maior ou menor grau, nas universidades, esse facto deve-se mais a circunstâncias históricas largamente tributárias da teoria darwiniana da evolução do que a um plano cuidadosamente concebido; pela mesma razão, estão conjuntamente representadas no Real Instituto Antropológico.

Alguns dos meus colegas manifestaram-se profundamente insatisfeitos com o atual estado de coisas. Alguns antropólogos pretendiam que a Antropologia Social fosse ensinada em ligação mais estreita com a Psicologia ou com as denominadas Ciências Sociais, tais como a Sociologia Geral, a Economia e a Política Comparada, e outros defendiam a sua aproximação a outras matérias. Este assunto é muito complexo e esta não é a ocasião oportuna para o discutir. Apenas direi que a solução depende em grande medida do modo como se encare a Antropologia Social, pois existe uma enorme divergência entre os que a consideram uma ciência natural e os que, como eu, a incluem nas Humanidades. Esta divisão agrava-se ao máximo quando se discutem as relações entre a Antropologia e a História. Deixarei a análise deste ponto concreto para uma conferência posterior, porque se torna necessário saber algumas coisas sobre a evolução do assunto para entender como se produziu esta divisão de opiniões.

Já delineei de maneira breve e inevitavelmente de forma digressiva a posição da Antropologia Social na universidade. Preparado o terreno desta maneira, posso agora dedicar-me totalmente à análise dessa disciplina, que é objeto desta exposição e o único tema que posso tratar com idoneidade. Portanto, quando, por comodidade, falar de Antropologia sem a especificação de «Social», deve subentender-se que me refiro a este ramo que é a Antropologia Social.

Creio que, agora, convém que me ocupe imediatamente das perguntas «que são sociedades primitivas?» e «porque é que as estudamos?», antes de precisar com mais detalhe o que vamos estudar no seu interior. Tal como se emprega na literatura antropológica, a palavra «primitiva» não significa que as culturas que qualifica sejam anteriores no tempo ou inferiores a outras. Tanto quanto sabemos, as sociedades primitivas têm uma história tão longa como a nossa, e se em alguns aspetos se encontram menos desenvolvidas, noutros estão muito frequentemente à nossa frente. Por esta razão é que a escolha do vocábulo não foi excessivamente feliz, mas atualmente a sua aceitação como termo técnico é tão ampla que não podemos evitá-lo.

Parece suficiente dizer, neste momento, que, quando os antropólogos empregam esta palavra, referem-se a sociedades pequenas, quer em número de indivíduos, quer em território, com contactos sociais limitados e que, comparadas com outras sociedades mais avançadas, possuem uma tecnologia e uma economia simples e um baixo grau de especialização da função social. Alguns antropólogos acrescentarão outros critérios, especialmente a ausência de literatura e, por conseguinte, a falta de qualquer arte, ciência ou teologia sistemáticas ([3]).

Somos por vezes criticados por dedicar tanto do nosso tempo a estudar estas populações primitivas. Sugere-se então que seria de maior utilidade investigar os problemas da nossa própria sociedade. Talvez seja certo, mas, por diversas causas, são essas comunidades primitivas que vêm atraindo desde há bastante tempo a atenção dos estudiosos das instituições sociais. Despertaram o interesse dos filósofos do século XVIII, principalmente porque forneciam um exemplo do que se supunha ser o homem vivendo em estado de natureza antes da instauração do governo civil. Os antropólogos do século XIX interessaram-se também por elas porque pensaram que obteriam importantes chaves na busca das origens das instituições. Antropólogos posteriores foram por sua vez atraídos porque se mantinha que aí se encontravam as instituições nas suas formas mais simples, e como o método mais adequado é começar pelo exame do mais simples para estudar depois o mais complicado, pensaram que lhes seria útil tudo aquilo que pudessem aprender da investigação do menos complicado.

Com o aparecimento da atualmente chamada Antropologia Funcional, a importância desse motivo tem-se vindo a acentuar. Como a tarefa da Antropologia Social é olhada cada vez mais como o estudo das instituições enquanto partes dos sistemas sociais, tanto

([3]) Robert Redfield, «The Folk Society», *The American Journal of Sociology*, 1947.

mais vantagens se notam no estudo das sociedades primitivas, tão estruturalmente simples e culturalmente homogéneas que podem ser diretamente observadas como um todo, antes de tentar estudar sociedades civilizadas complexas, onde isto não é possível. Além disso, sabe-se que é mais fácil efetuar observações em povos de cultura diferente da nossa, já que o seu diferente modo de vida nos chama imediatamente a atenção e há também mais probabilidades de que as interpretações sejam objetivas.

Outra razão muito convincente para neste momento estudar as sociedades primitivas é que elas estão a transformar-se rapidamente e, portanto, torna-se necessário investigá-las o mais depressa possível, ou então corre-se o risco de não o poder fazer no futuro. Estes sistemas sociais em vias de desaparecer constituem variantes estruturais únicas, cuja análise nos ajuda consideravelmente a compreender a natureza da sociedade humana, porque, num estudo comparativo de instituições, o número de sociedades com que se trabalha é menos significativo do que o seu grau de variação. Por outro lado, a investigação das sociedades primitivas tem um valor intrínseco. Estas sociedades são interessantes em si mesmas, porque nos oferecem uma descrição da forma de vida, dos valores e das crenças dos povos que vivem privados daquilo que estamos habituados a considerar como os requisitos mínimos do conforto e da civilização.

No nosso entender é, pois, imperioso realizar uma investigação sistemática no maior número possível de comunidades primitivas enquanto ainda exista a possibilidade de o fazer. Atualmente há um grande número deste tipo de sociedades, mas até agora os antropólogos foram capazes de estudar com intensidade apenas um número reduzido delas, já que os estudos são muito demorados e os investigadores escasseiam.

Convém, contudo, sublinhar que, embora nos interessemos principalmente pelas sociedades primitivas, não nos limitamos exclusivamente a elas. Nos Estados Unidos, onde a Antropologia Social se encontra mais bem representada ao nível das universidades do que na Grã-Bretanha, os antropólogos, americanos ou treinados nesse país, já realizaram uma série de estudos sobre comunidades desenvolvidas da Irlanda, Japão, China, Índia, México, Canadá e até mesmo dos Estados Unidos. Numa conferência posterior referir-

-me-ei em parte a um desses trabalhos: o de Arensberg e Kimball, efetuado na Irlanda do Sul.

Por diversas razões, entre as quais se contam a escassez de pessoal e o grande número de povos primitivos existentes no nosso império colonial, os antropólogos britânicos ficaram um pouco para trás nesta matéria, mas também estão ampliando os seus estudos de maneira a incluir povos que de nenhum modo podem ser descritos como primitivos. Nos últimos anos, por exemplo, alguns alunos do Instituto de Antropologia Social de Oxford consagraram-se à investigação de comunidades rurais da Índia, Índias Ocidentais, Turquia e Espanha e dos Beduínos do Norte de África, bem como a estudar a vida urbana e as aldeias inglesas.

Por outro lado, também se realizaram estudos antropológicos em sociedades históricas, embora na atualidade se levem a cabo com menor intensidade; nelas, a observação direta foi substituída pelo estudo das fontes literárias. Como exemplo, podemos citar as obras de Sir James Frazer sobre os antigos hebreus e sobre certos aspetos da cultura romana, de Sir William Ridgway e de Jane Harrison sobre temas helenísticos, de Robertson Smith sobre a antiga sociedade árabe e de Hubert sobre a história dos Celtas.

Antes de continuar, quero recordar-lhes que a Antropologia Social é, pelo menos em teoria, o estudo de todas as sociedades humanas, e não só das sociedades primitivas, apesar de na prática e por conveniência se ocupar atualmente em analisar preferentemente as instituições dos povos mais simples. É evidente que não pode haver uma disciplina independente consagrada inteiramente ao estudo destas sociedades. Quando um antropólogo se dedica à investigação de um povo primitivo, o que estuda é a linguagem, a religião, as leis, as instituições políticas, a economia política, e assim por diante, e, portanto, deparam-se-lhe os mesmos problemas gerais que ao estudioso destas matérias nas grandes civilizações do mundo. Além disso, ao interpretar as suas observações sobre as sociedades primitivas, o antropólogo está sempre a compará-las, pelo menos implicitamente, com a sua.

A Antropologia Social pode assim considerar-se como um ramo dos estudos sociológicos que se dedica principalmente às sociedades primitivas. Quando se fala de Sociologia pensa-se geralmente na investigação de determinados problemas em sociedades civilizadas. Se nos ativermos a esta conceção, entre a Antropologia Social e a Sociologia apenas existiria uma diferença de área de estudo, mas devemos sublinhar que há também entre ambas importantes variações de método. O antropólogo social estuda diretamente os povos primitivos, vivendo entre eles durante meses ou anos, enquanto a investigação sociológica se efetua geralmente com base em documentos e, especialmente, estatísticas. O primeiro ocupa-se das sociedades como um todo: estuda a sua ecologia, a sua economia política, as instituições legais e políticas, a religião, a tecnologia, a organização da família e o parentesco, a criação de gado e a agricultura, a arte, etc., como partes dos sistemas sociais gerais. O trabalho do sociólogo é em geral muito especializado, porque investiga problemas isolados, como o divórcio, o crime, a loucura, o trabalho ou os estímulos na indústria. Por um lado, a Sociologia está muito ligada à Filosofia Social e, por outro, ao planeamento social. Não se preocupa apenas em averiguar como funcionam as instituições, determina além disso como deveriam fazê-lo e o modo de melhorá-las. Noutra perspetiva, a Antropologia Social mantém-se geralmente afastada dessas considerações.

Nestas conferências não vou referir-me à Sociologia neste sentido, mas num significado mais amplo que a apresenta como um corpo geral de conhecimentos teóricos sobre as sociedades humanas. A relação entre este corpo geral teórico e a vida social primitiva constitui o objeto da Antropologia Social. Isto tornar-se-á evidente quando eu me referir ao seu desenvolvimento histórico, já que grande parte da nossa informação teórica ou conceptual provém de obras que não tratam das sociedades primitivas ou que só indiretamente as abordam. Queria, por isso, que no decurso destas conferências tivessem presentes duas linhas evolutivas inter-relacionadas: por um lado, o progresso da teoria sociológica, de que a teoria antropológica é só uma parte, e, por outro, o desenvolvimento do nosso conhecimento sobre as sociedades primitivas. Esse progresso influiu na evolução da teoria sociológica, provocando certas reformulações e dando origem a um corpo de conhecimentos relacionado com as sociedades primitivas.

Baseando-me no conceito de Antropologia Social como parte integrante de um campo mais amplo de conhecimentos, poderei apresentar-vos uma ideia mais clara do tipo de problemas que investigamos. Para isso penso que terá bastante utilidade dar-vos uma ideia dos temas das teses apresentadas nos últimos anos por estudantes pós-graduados da Universidade de Oxford.

Eis os títulos de algumas que foram aprovadas: «A posição do chefe no moderno sistema político dos Axantis» (África Ocidental); «Um estudo da influência das mudanças sociais contemporâneas sobre as instituições axantis»; «A função social da religião numa comunidade do Sul da Índia» (os Coorg); «A organização política dos Nandi» (África Oriental); «Estrutura social da Jamaica, com especial referência às distinções sociais»; «Função do dote da noiva em algumas sociedades africanas»; «Um estudo do simbolismo da autoridade política em África»; «Um estudo comparado das formas de escravatura»; «A organização social dos Yao da Niassalândia do Sul» (África Central); «Sistemas de posse de terras entre os povos banto da África Oriental»; «A posição da mulher entre os Bantos do Sul» (África do Sul); «Uma investigação sobre as sanções sociais das tribos Naga da fronteira indo-birmanesa»; «O sistema político dos Murle» (África Oriental); «A organização política dos índios da planície» (América do Norte); «Um estudo do litígio fronteiriço interestadual entre os Axantis» (África Ocidental); «Aspetos da posição social na Melanésia»; «A organização social dos esquimós da zona central e oeste»; «O delito na legislação primitiva» (Indonésia e África).

Espero que estes exemplos possam proporcionar-lhes uma ideia geral do género de trabalho que os antropólogos sociais realizam. Em primeiro lugar, deve observar-se que nos temas destas teses não há nada de fácil ou atrativo; não se vai atrás do estranho ou do pitoresco, nem do romântico ou do antigo. Trata-se de estudos sérios sobre diferentes tipos de instituições sociais.

Observar-se-á também que os trabalhos se ocupam de certos povos ou de séries de povos, distribuídos por toda a África, Sul da Índia, Jamaica, fronteira indo-birmanesa, América do Norte, regiões polares, ilhas do Pacífico e Indonésia. Esta disseminação geográfica é muito notável porque amplia consideravelmente o campo antropológico, que oferece assim oportunidades de investigação para os mais diversos interesses. Mas esta mesma amplitude, como explicarei mais adiante, implica certas dificuldades no ensino e, de forma cada vez mais grave, na especialização regional. Na sua mais estreita interpretação, a especialização regional incluiria os povos da Polinésia e da Melanésia, no Pacífico, os aborígenes da Austrália, os Lapões e os Esquimós das regiões polares, os Mongóis da Sibéria, os negros de África, os índios do continente americano e os povos mais atrasados da Índia, Birmânia, Malásia e Indonésia – milhares de culturas e sociedades. Numa interpretação mais vasta, as suas fronteiras incluiriam também os povos mais avançados, mas ainda relativamente simples, do Próximo e do Extremo Oriente, Norte de África e certas áreas da Europa, ou seja, um número quase ilimitado de culturas e subculturas, de sociedades e subsociedades.

Já terão notado que nos exemplos citados figuram temas tão diversos como as instituições políticas e religiosas, as distinções de classe baseadas na cor, sexo ou posição social, as instituições económicas, as instituições legais ou semilegais, o matrimónio e também estudos de adaptação social, da organização social total, ou estrutura, de um ou outro povo. Quer dizer, a Antropologia Social realiza um conjunto de investigações diferentes numa série de sociedades distribuídas por todo o mundo. Qualquer departamento de Antropologia corretamente organizado tenta abarcar nos seus programas de estudo os tópicos mínimos e essenciais das sociedades primitivas: parentesco e família, instituições políticas comparadas, economia política comparada, religião comparada e legislação comparada, assim como cursos mais gerais sobre o estudo das instituições, teoria sociológica geral e história da Antropologia Social. Dá também cursos especiais sobre as sociedades de determinadas regiões etnográficas; para além disso, pode ainda oferecer cursos sobre matérias tão peculiares como moral, magia, mitologia, ciência primitiva, arte primitiva, tecnologia primitiva e língua, mas também sobre os escritos de certos antropólogos e sociólogos.

Um antropólogo pode possuir um conhecimento geral sobre todas estas regiões etnográficas e disciplinas sociológicas, mas, logicamente, só pode ser autoridade em uma ou duas delas. Consequentemente, e tal como sucede em todos os ramos do conhecimento, o aumento do conhecimento acarreta a especialização. O antropólogo torna-se um especialista em estudos africanos, estudos melanésios, estudos de índios norte-americanos, e assim por diante. Já não tenta dominar os detalhes de regiões estranhas ao seu setor, exceto quando fazem parte de monografias dedicadas explicitamente a problemas gerais, quiçá instituições religiosas ou legais, que lhe interessem especialmente. A literatura existente sobre os índios americanos ou os Bantos africanos, por exemplo, é já tão abundante que justifica por si só a dedicação exclusiva de um estudioso a uma ou outra matéria.

A tendência para a especialização torna-se mais notória quando se estudam as sociedades que possuem literatura ou que pertencem a uma cultura mais vasta com tradição literária. Se um investigador tem um certo brio profissional e académico não pode estudar os Beduínos árabes ou os camponeses árabes sem conhecer, não só a sua língua falada, como também a língua clássica da sua estrutura sociocultural; do mesmo modo, não pode abordar as comunidades de camponeses hindus sem ter um certo conhecimento da sua língua e do sânscrito, a língua clássica dos seus ritos e tradições religiosas. Para não ser um simples aprendiz e dominar o seu setor, o antropólogo deve dedicar-se predominantemente a um ou dois temas e, além disso, limitar as suas investigações a determinadas regiões. Não pode fazer um estudo comparado dos sistemas legais primitivos sem uma boa base de conhecimentos de legislação geral e jurisprudência, ou investigar arte primitiva sem ter lido detidamente a literatura geral correspondente.

Estas circunstâncias que acabei de mencionar contribuem para que a Antropologia Social seja difícil de ensinar, especialmente quando se tem de preparar, como sucede frequentemente em Oxford, pós-graduados e investigadores. Quando há um número elevado de estudantes a trabalhar numa ampla variedade de temas referentes a diversos aspetos da vida de regiões que se acham disseminadas pelo Globo, é muitas vezes impossível transmitir-lhes mais do que uma visão muito geral. Sir Charles Oman conta que os professores Regius ([4]) de História, em Oxford, encontraram a mesma dificuldade quando tentaram dar aulas a pós-graduados; não tiveram êxito, pois, como nota o nosso autor, «os estudantes pós-graduados divagam

([4]) Cargo de professor criado por Henrique VIII (*N. T.*).

segundo os seus desejos» ([5]). Contudo, no âmbito da Antropologia Social, a situação não é tão difícil como no da História, porque a Antropologia Social pode generalizar com mais facilidade e tem um sistema teórico geral que falta à História. Não só se encontram muitas semelhanças evidentes entre as sociedades primitivas de todo o mundo, como, para além disso, podem ser classificadas num número limitado de tipos, pelo menos parcialmente, por meio da análise estrutural. Isto dá unidade à matéria. Por isso, os antropólogos sociais estudam do mesmo modo qualquer sociedade primitiva, quer ela se localize na Polinésia, na África ou na Lapónia; por outro lado, os assuntos de que se ocupam – sistemas de parentesco, ritos religiosos ou instituições políticas – são examinados nas suas relações com a estrutura social total de que fazem parte.

Antes de considerar, de maneira preliminar, o que se entende por estrutura social, quero pedir-vos que prestem atenção a outra característica desta série de teses, porque ela realça um problema importante para a Antropologia no momento atual, um problema que voltarei a tratar em conferências posteriores. Todas se dedicam a temas sociológicos, quer dizer, tratam fundamentalmente de conjuntos de relações sociais, isto é, relações entre membros de uma sociedade e entre grupos sociais. O que quero aqui sublinhar é que elas são mais estudos de sociedades do que estudos de culturas. Entre os dois conceitos há uma diferença sumamente importante, que conduziu a teoria e a prática antropológicas em duas diferentes direções.

Este problema compreender-se-á melhor com alguns exemplos simples. Ao entrar numa igreja inglesa é costume que os homens tirem o chapéu e não os sapatos; ao contrário, numa mesquita muçulmana, tiram o calçado, mas não o que levam na cabeça. Este mesmo comportamento é normal quando se entra, respetivamente, numa casa inglesa ou numa tenda de Beduínos. Estas diferenças que acabamos de citar são diferenças de cultura ou de costumes. Em ambos os casos, as distintas reações têm uma mesma função e finalidade: constituem uma demonstração de respeito, que é diferentemente expressado nas duas culturas. Vou dar-lhes um exemplo mais complicado. Os Beduínos árabes nómadas têm em alguns aspetos funda-

([5]) Sir Charles Oman, *On the Writing of History*, p. 252, 1939.

mentais o mesmo tipo de estrutura social que certos povos nilóticos seminómadas do Leste de África. Contudo, culturalmente são diferentes: os primeiros vivem em tendas e os segundos em cabanas; os Beduínos criam camelos, os nilóticos gado vacum; aqueles são muçulmanos, estes têm outro tipo de religião, e assim por diante. Outro exemplo diferente dos anteriores, e ainda mais complexo, seria a distinção que fazemos quando falamos de civilização helénica ou hindu e sociedade helénica ou hindu.

Encontramo-nos, por conseguinte, perante dois conceitos diferentes, ou, melhor, duas diferentes abstrações da mesma realidade. Embora se tenham discutido com muita frequência as definições que lhes corresponderiam e as relações que existiriam entre eles, estas questões foram muito poucas vezes examinadas sistematicamente; existe ainda muita confusão e pouca unanimidade nesta matéria. Morgan, Spencer e Durkheim foram os primeiros a determinar que a finalidade da nossa atual Antropologia Social seria a classificação e análise funcional das estruturas sociais. Esta forma de a encarar persiste ainda entre os continuadores de Durkheim em França, assim como na Antropologia britânica atual e na tradição da sociologia formal alemã ([6]). Por outro lado, Tylor e outros mais orientados para a Etnologia conceberam esta disciplina como a classificação e análise da cultura. Este foi o ponto de vista dominante na Antropologia americana durante bastante tempo. Penso que isso se deve, por um lado, a que as sociedades índias em que concentraram a sua investigação são de natureza fracionada e desintegrada, prestando-se mais facilmente a estudos de cultura do que a estudos de estrutura social. Por outro lado, a ausência de uma tradição de trabalho de campo intensivo nas línguas nativas e durante prolongados períodos de tempo, tal como se faz em Inglaterra, tende também a orientar os estudos para os costumes ou para a cultura, desprezando de certo modo as relações sociais.

Quando um antropólogo social analisa uma sociedade primitiva, não se evidencia com clareza a distinção entre sociedade e cultura, porque o que ele descreve é a realidade, o comportamento básico,

([6]) Georg Simmel, *Soziologie*, 1908; Leopold von Wiese, *Allgemeine Soziologie*, 1924.

em que ambos os conceitos se encontram incorporados. Conta, por exemplo, a forma exata como um indivíduo demonstra respeito para com os seus antepassados, mas, quando tem de interpretar tal comportamento, vê-se obrigado a abstrair dele à luz do problema particular que está a investigar. Se são problemas de estrutura social, ele prestará mais atenção às relações sociais das pessoas que intervêm em todo o processo do que aos pormenores da sua expressão cultural.

Assim, uma forma de interpretar, pelo menos parcialmente, o culto dos antepassados seria demonstrar que não contraria a estrutura da família ou do parentesco. Os atos culturais ou habituais que um homem realiza quando deseja mostrar respeito para com os seus antepassados, por exemplo, factos como o sacrifício de uma vaca ou de um boi, exigem uma interpretação diferente, que pode ser, simultaneamente, psicológica e histórica.

Esta distinção metodológica é evidente quando se efetuam estudos comparados, pois se se tentar fazer ao mesmo tempo ambos os tipos de interpretação criar-se-á quase inevitavelmente uma grande confusão. O que nestes casos se compara não são as coisas em si mesmas, mas sim algumas das suas características. Numa comparação sociológica de cultos de antepassados realizada num certo número de sociedades diferentes, por exemplo, o que se estuda são os conjuntos de relações estruturais entre pessoas. Portanto, começa-se forçosamente por abstrair, em cada sociedade, essas relações dos seus modos particulares de expressão cultural, pois a comparação não pode fazer-se de outra maneira. Quer dizer, o que se faz é separar problemas de determinado tipo para poder investigá-los. Neste procedimento, não se está a fazer uma distinção entre diferentes tipos de coisas – sociedade e cultura não são entidades –, mas sim entre diversas classes de abstrações.

Ao principiar esta conferência afirmei que a disciplina que nos ocupa estuda as culturas e sociedades dos povos primitivos, porque naquele momento não queria introduzir uma dificuldade. Comecei assim e terei de deixar aí o problema, esclarecendo somente que existe ainda muita incerteza e divergência de opiniões sobre esta matéria e que é uma questão muito difícil. Finalmente, estou de acordo em que o estudo dos problemas da cultura conduz – tem mesmo de conduzir – à sua formulação em termos históricos e psicológicos, enquanto a análise da sociedade é formulada em termos de Sociologia. A minha opinião pessoal é que, embora ambas as questões sejam igualmente importantes, os estudos estruturais deveriam ter prioridade.

Isto faz-nos voltar novamente à apreciação das teses já citadas. Lendo-as, observa-se que todas têm algo em comum: não encaram o objeto do seu estudo – liderança, religião, distinções raciais, dote da noiva, escravatura, posse de terras, posição da mulher, sanções sociais, classe social, procedimentos legais ou o que quer que seja – como elementos isolados ou instituições suficientes em si mesmas, mas sim como partes das estruturas sociais e em termos dessas estruturas. Que é então uma estrutura social? Ver-me-ei obrigado a ser um tanto vago e pouco convincente ao responder a esta pergunta nas minhas conferências introdutórias, mas ocupar-me-ei novamente dela mais adiante. Contudo, posso antecipar desde já que também neste caso existe uma grande divergência de opiniões. Isto é inevitável, porque é impossível dar uma definição precisa de conceitos tão básicos. Apesar dos meus escrúpulos, para poder continuar terei necessariamente de lhes dar uma noção ainda que preliminar do que se entende geralmente por estrutura.

É evidente que na vida social deve haver uniformidades e regularidades e que uma sociedade deve ter um determinado tipo de ordem, pois se tal não sucedesse os seus membros não poderiam viver juntos. É precisamente porque as pessoas conhecem o tipo de comportamento que delas se espera, nas diversas situações da vida social, e porque coordenam as suas atividades em função de regras e em obediência a uma escala de valores que todas e cada uma são capazes de realizar as suas tarefas adequadamente. Podem fazer previsões, antecipar acontecimentos e viver as suas vidas em harmonia com os seus semelhantes, porque cada sociedade tem uma forma ou padrão característico que nos permite considerá-la como um sistema, ou uma estrutura, no seio do qual os seus membros desenvolvem as suas atividades em concordância com ele. O uso do termo «estrutura» com este significado supõe um certo grau de compatibilidade entre as partes, pelo menos suscetível de evitar contradições abertas e conflitos. Significa também que tem uma duração maior do que a generalidade das coisas passageiras da vida humana. As pessoas que vivem numa sociedade podem não se dar conta de que esta possui uma estrutura, ou captá-la apenas de uma forma vaga. A tarefa do antropólogo social é revelar a sua existência.

Uma estrutura social total, isto é, a estrutura completa de uma sociedade determinada, compõe-se de um certo número de estruturas ou sistemas subsidiários, e é por isso que podemos falar de sistemas de parentesco, económicos, religiosos ou políticos.

As atividades sociais dentro destes sistemas ou estruturas estão organizadas à volta de instituições tais como o matrimónio, a família, o mercado, a liderança, etc. Assim, quando falamos das funções das instituições, estamos a referir-nos à parte que lhes corresponde na manutenção da estrutura social.

Creio que todos os antropólogos sociais poderiam em princípio aceitar estas definições. As dificuldades e diferenças de opinião aparecem quando se tenta averiguar que tipo de abstracção é uma estrutura social e o que significa exatamente o funcionamento de uma instituição. Na realidade, todos estes problemas se poderão compreender melhor depois de tomarmos conhecimento de alguns dados sobre o desenvolvimento teórico da Antropologia Social.

II

Primícias do Desenvolvimento Teórico

Esta segunda conferência e a que se segue serão dedicadas a uma breve síntese histórica da Antropologia Social. Não tenho a intenção de vos oferecer uma simples lista cronológica de antropólogos e das suas obras, mas antes procurarei apresentar um quadro do desenvolvimento dos seus conceitos gerais, isto é, da teoria correspondente, ilustrando-o com ideias e citações de alguns autores ([7]).

Segundo se viu, a Antropologia Social é uma disciplina bastante nova nos programas de ensino das nossas universidades e ainda mais recente com esse nome. Porém, noutra perspetiva, é uma matéria muito antiga, pois pode dizer-se que começou com as primeiras reflexões especulativas da humanidade, já que sempre e em toda a parte os homens propuseram teorias sobre a natureza da sociedade. Ainda que não possamos definir o momento exato do seu início, isso não é fundamental, pois há um limite para além do qual não tem interesse de maior precisar as origens. Este período limite para a evolução da Antropologia Social é o século XVIII. A nossa ciência é, portanto, filha do Iluminismo e conserva ao longo da sua história muitas das características dessa ascendência.

Em França começa com Montesquieu (1689-1755). O seu livro mais conhecido, *De L'Ésprit des Lois* (1748), é um tratado de Filosofia Política, ou, melhor ainda, de Filosofia Social. Contém uma série de ideias bastante estranhas acerca da influência do clima sobre o caráter dos povos, assim como algumas observações sobre a separação de poderes no Governo. Mas o que para nós se revela

([7]) Podem encontrar-se dados gerais sobre a história da Antropologia em A. C. Haddon, *History of Anthropology*, ed. rev., 1934; Paul Radin, *The Method and Theory of Ethnology*, 1933; T. K. Penniman, *A Hundred Years of Anthropology*, 1935; e Robert H. Lowie, *The History of Ethnological Theory*, 1937.

mais interessante é a sua crença em que as partes integrantes de uma sociedade e o seu meio ambiente estão funcionalmente relacionados com tudo o resto. Só se pode compreender a legislação internacional, constitucional, criminal e civil considerando-as nas suas relações com o ambiente físico de um povo, a sua economia, o número de indivíduos e as suas crenças, costumes, modos de ser e temperamentos. O livro tem como finalidade examinar «todas estas inter-relações; no seu conjunto formam o que se chama o Espírito das Leis» ([8]).

Montesquieu empregou a palavra «leis» com diferentes significados, mas em regra queria dar a entender por este termo «as relações necessárias que derivam da natureza das coisas» ([9]), quer dizer, as condições que permitem, em primeiro lugar, a existência da sociedade humana e, em segundo lugar, a de qualquer tipo de sociedade. Por falta de tempo não posso discutir este ponto de vista em pormenor, mas é importante sublinhar que Montesquieu faz uma distinção entre a «natureza» da sociedade e o seu «princípio»: a natureza é «o que a faz ser o que ela é» e o princípio é «o que a faz funcionar». «Uma é a sua estrutura particular e o outro as paixões humanas que a põem em marcha» ([10]). Deste modo, Montesquieu distinguia entre uma estrutura social e o sistema de valores que nela opera.

A ascendência francesa da Antropologia Social, partindo de Montesquieu, segue por outros escritores tais como D'Alambert, Condorcet, Turgot e em geral os enciclopedistas e fisiocratas, até chegar a Saint-Simon (1760-1825), que foi o primeiro a propor claramente uma ciência da sociedade. Este descendente de uma ilustre família era um personagem bastante notável. Autêntico filho das Luzes, acreditava apaixonadamente na ciência e no progresso e desejava acima de tudo estabelecer uma ciência positiva das relações sociais, que para ele eram análogas às relações orgânicas da fisiologia; insistia, além disso, em que os cientistas deviam analisar os factos e não os conceitos. É perfeitamente compreensível que

---

([8]) *De L'Ésprit des Lois*, editado por Gonzague Truc, Editions Garnier Frères, s/d, p. 11.

([9]) *Ibid.*, p. 5.

([10]) *Ibid.*, p. 23.

os seus discípulos fossem socialistas e coletivistas e talvez também que o movimento acabasse em fervor religioso e se desintegrasse na busca da mulher perfeita que pudesse desempenhar o papel de messias feminino. O discípulo mais conhecido de Saint-Simon, e que acabou por se separar dele, foi Auguste Comte (1798-1857). Comte era um pensador mais sistemático que Saint-Simon, embora fosse igualmente excêntrico. Foi ele quem chamou «sociologia» à nova ciência da sociedade. A corrente do racionalismo francês que se origina nestes autores iria mais tarde influenciar profundamente a Antropologia inglesa através das obras de Durkheim, dos seus discípulos e de Lévy-Bruhl, descendentes em linha direta da tradição saint-simoniana.

Os precursores desta disciplina na Grã-Bretanha foram os filósofos morais escoceses, cujas obras são típicas do século XVIII. Os nomes mais conhecidos são os de David Hume (1711-1776) e Adam Smith (1723-1790). Hoje em dia a maioria destes autores é muito pouco lida. Eles afirmavam que as sociedades eram sistemas naturais, querendo com isso sublinhar que a sociedade deriva da natureza humana e não de um contrato social, acerca do qual tanto tinham escrito Hobbes e outros pensadores. Quando falavam, pois, de moralidade natural, religião natural, jurisprudência natural e assim por diante, faziam-no neste sentido.

Se se considerarem as sociedades como sistemas ou organismos naturais, elas terão de ser estudadas empírica e indutivamente, e não pelos métodos do racionalismo cartesiano. Por isso, o título da tese de Hume, de 1739, era: *A Treatise of Human Nature: Being an Attempt to introduce the experimental Method of Reasoning into Moral Subjects*. Mas estes autores eram também sumamente teóricos e interessavam-se principalmente pelo que eles denominavam «princípios gerais» e que atualmente se chamaria «leis sociológicas» ([11]).

Estes filósofos acreditavam também no progresso ilimitado, que denominavam melhoramento e perfetibilidade, e nas leis do progresso. Para descobrir estas leis empregavam o método que Comte haveria de chamar «comparado». Segundo o modo como o utili-

([11]) Gladys Bryson, *Man and Society*, 1945.

zavam, pressupunham que a natureza humana é fundamentalmente a mesma em todos os lugares e em todos os tempos, que todos os povos seguem pelo mesmo caminho e por etapas uniformes, num gradual e contínuo avanço para a perfeição, embora uns mais lentamente do que outros.

É indubitável que não há um conhecimento exato das primeiras etapas da nossa história, mas, como a natureza humana é constante, pode supor-se que os nossos antepassados viveram o mesmo tipo de vida que os Peles-Vermelhas do continente norte-americano e outros povos primitivos quando se encontravam em condições análogas e num nível cultural semelhante. Se compararmos todas as civilizações conhecidas e as ordenarmos de acordo com o seu grau de progresso, é possível obter um esquema da evolução da história da nossa própria sociedade e de todas as sociedades humanas, embora não se possa saber quando e que circunstâncias suscitaram o progresso.

Dugald Stewart chamou «história teórica ou conjetural» a este procedimento. É uma espécie de Filosofia da História, que trata de determinar as inclinações e tendências gerais mais amplas, considerando os casos particulares como meros incidentes. Este método foi admiravelmente exposto por Lord Kames nos seguintes termos: «Devemos contentar-nos com reunir os factos e circunstâncias tal como podem deduzir-se das leis dos diferentes países. Se estes elementos todos juntos constituem um sistema regular de causas e efeitos, podemos racionalmente inferir que o progresso foi o mesmo em todas as nações, pelo menos no que toca às circunstâncias capitais; os acidentes ou a natureza especial de um povo ou de um governo provocarão sempre algumas peculiaridades» ([12]).

Uma vez que existem estas leis de desenvolvimento e um método para as descobrir, segue-se que a ciência do homem que estes filósofos pretendiam erigir é uma ciência normativa, apontando para a criação de uma ética secular baseada no estudo da natureza humana em sociedade.

Nas especulações teóricas destes autores do século XVIII já encontramos todos os ingredientes da teoria antropológica do século

([12]) Lord Kames, *Historical Law-Tracts*, vol. I, p. 37, 1758.

seguinte e ainda dos nossos dias: a ênfase nas instituições, a suposição de que as sociedades humanas eram sistemas naturais, a insistência em que o estudo delas devia ser empírico e indutivo, que a sua finalidade é a descoberta e formulação de princípios universais ou leis, especialmente em termos de etapas de desenvolvimento, reveladas pela aplicação do método comparado da história conjetural, sendo a sua finalidade ulterior a determinação científica de uma ética.

Estes investigadores são muito importantes para a história da Antropologia, porque tratam de estudar a sociedade e não os indivíduos, tentando por outro lado chegar à formulação de princípios gerais. Nesta tentativa, os seus interesses orientavam-se para as instituições, para as suas inter-relações estruturais, para o seu crescimento e para as necessidades humanas que elas vinham satisfazer. Adam Ferguson, por exemplo, na sua obra *An Essay on the History of Civil Society* (1767) e em outros estudos, ocupa-se dos seguintes temas: as formas de subsistência, as variedades da raça humana, a predisposição dos homens para viver em sociedade, os princípios do crescimento populacional, as artes e as relações comerciais, a posição e as divisões sociais.

É evidente a importância das sociedades primitivas nos problemas que interessam a estes filósofos. Por vezes, utilizaram algo do que se conhecia sobre elas na sua época, mas, em geral, o Antigo Testamento e as obras clássicas eram as suas fontes principais de informação fora dos limites da sua cultura e do seu tempo. Na realidade, pouco se conhecia acerca das sociedades primitivas, embora as viagens e descobrimentos do século XVI tivessem levado, já no tempo de Shakespeare, a uma representação geral do selvagem nos círculos cultos, retratada no caráter de Caliban. Também os autores de obras de política, leis e costumes começavam já a dar-se conta da grande diversidade de hábitos dos povos não europeus. Montaigne (1533-1592), em particular, incluiu em muitas páginas dos seus *Ensaios* o que hoje se consideraria material claramente etnográfico.

Nos séculos XVII e XVIII, os filósofos serviram-se dos povos primitivos como prova dos seus argumentos sobre a natureza da sociedade selvagem contraposta à sociedade civil, isto é, a sociedade anterior ao estabelecimento do governo por contrato ou à aceitação do despotismo. Locke (1632-1714), especialmente, refere-se a estas sociedades nas suas especulações sobre religião, governo e propriedade. Estava familiarizado com o que se tinha escrito sobre os Peles-Vermelhas caçadores da Nova Inglaterra, mas a sua informação, ao estar limitada a um único tipo de sociedade índia americana, prejudica o seu trabalho.

Os autores franceses da época utilizaram o que se havia escrito sobre os índios de São Lourenço, em especial os relatos de Gabriel Sagard e de Joseph Lafitau sobre os Hurões e os Iroqueses ([13]), para descrever o homem em estado natural. Por seu lado, Rousseau baseia o seu retrato do homem natural no que se conhecia dos Caribes da América do Sul.

Mencionei a utilização que alguns escritores dos séculos XVII e XVIII fizeram da informação que se possuía dos povos primitivo para mostrar que o início do interesse pelas sociedades mais simples tem na base a constatação de que elas constituem um material valioso para as teorias sobre a natureza e o melhoramento das instituições sociais. Daí surgiria, em meados do século XIX, o que atualmente denominamos Antropologia Social.

Os autores mencionados, quer em França, quer em Inglaterra, consideravam-se e eram considerados no seu tempo como filósofos. Apesar das suas dissertações sobre o empirismo, confiavam mais na introspeção e nos raciocínios *a priori* do que na observação das sociedades reais. Quiçá, à exceção de Montesquieu, para a maioria deles os factos apenas servissem para ilustrar ou corroborar as teorias a que haviam chegado através da reflexão. Só em meados do século XIX é que se fizeram estudos sistemáticos de instituições sociais. No decénio que decorre entre 1861 e 1871, apareceu uma série de livros que hoje se consideram como os nossos primeiros clássicos teóricos: *Ancient Law* (1861) e *Village-Communities in East and West* (1871), de Maine; *Das Muterrecht* (1861), de Bachofen; *La Cité Antique* (1864), de Foustel de Coulanges; *Primitive Marriage* (1865), de McLennan; *Researches into the Early History of Mankind* (1865)

([13]) Gabriel Sagard, *Le Grand Voyage du Pays des Hurons*, 1632; Joseph François Lafitau, *Mœurs des Sauvages Amériquains comparées aux Mœurs des Premiers Temps*, 1724. Para um comentário geral da influência dos escritos etnográficos na Filosofia Política, ver J. L. Myres, «Presidential Adress to Section H.», *British Association for the Advancement of Science*, Winnipeg, 1909.

e *Primitive Culture* (1871), de Tylor; e *Systems of Consanguinity and Affinity of the Human Family* (1871), de Morgan.

Nem todos estes livros tratam essencialmente de sociedades primitivas. Maine escreveu sobre as primeiras instituições de Roma e, de forma geral, sobre os povos indo-europeus; Bachofen estava principalmente interessado pelas tradições e mitologias da Antiguidade Clássica; mas quem menos se preocupou com estas sociedades foram precisamente os que se dedicaram ao estudo comparado das instituições nos primeiros tempos do desenvolvimento das sociedades históricas e, como veremos em seguida, limitaram-se a abordá-las de uma maneira sociológica.

Os primeiros a tratar as sociedades primitivas como assuntos de interesse académico foram McLennan e Tylor, na Inglaterra, e Morgan, nos EUA. Foram eles que primeiro sintetizaram as informações existentes acerca dos povos primitivos, a partir de uma ampla gama de escritos de vária ordem, apresentando-a de forma sistemática e estabelecendo assim as bases da Antropologia Social. Nas suas obras articula-se o estudo das sociedades primitivas com a teoria especulativa sobre a natureza das instituições sociais.

Tal como os filósofos que os precederam, estes autores de meados do século XIX estavam ansiosos por eliminar a mera especulação teórica no estudo das instituições sociais. Também pensaram que poderiam obter os seus propósitos mantendo-se estritamente fiéis ao empirismo e utilizando o método comparado de forma rigorosa. Já vimos que este procedimento foi anteriormente empregue pelos filósofos morais sob a designação de história hipotética ou conjetural. Comte deu uma definição nova e mais exata deste procedimento na sua obra intitulada *Cours de Philosophie Positive* (1830). Como iremos ver, uma vez eliminado o seu historicismo, ele veio a ser mais tarde aproveitado pela Antropologia moderna no denominado método funcional.

Segundo Comte, há uma relação funcional entre os factos sociais de diferentes espécies, que ele e Saint-Simon denominavam séries de factos sociais, políticos, económicos, religiosos, morais, etc. Uma mudança em qualquer destas séries provoca mudanças correspondentes nas outras. O fim da Sociologia devia ser estabelecer estas correspondências ou interdependências entre uma e outra espécies de factos sociais. Isto pode alcançar-se graças ao método lógico das variações concomitantes, pois ao tratar-se de fenómenos sociais muito complexos, em que não se pode isolar variáveis simples, este é o único método adequado.

Os autores que citei e os que lhes sucederam usaram este método e escreveram uma série de grossos volumes com o fim de demonstrar as leis da origem e do desenvolvimento das instituições sociais: o desenvolvimento do matrimónio monógamo a partir da promiscuidade, da propriedade a partir do comunismo, do contrato a partir do estatuto, da indústria a partir do nomadismo, da ciência positiva a partir da teologia, do monoteísmo a partir do animismo. Às vezes, especialmente quando tratam de temas religiosos, as explicações são dadas, tanto em termos de origens psicológicas (o que os filósofos chamaram natureza humana), como em termos de origens históricas.

Os dois tópicos favoritos para os debates eram o desenvolvimento da família e o desenvolvimento da religião. Os antropólogos vitorianos nunca se cansavam de escrever sobre estes dois temas e a apreciação de algumas das suas conclusões na matéria ajudar-nos-á a entender o tom geral da Antropologia daquele tempo, porque, embora discutissem violentamente entre si acerca do que se podia deduzir da evidência, estavam totalmente de acordo sobre os fins e os métodos perseguidos.

Sir Henry Maine (1822-1888), escocês, advogado e fundador da jurisprudência comparada em Inglaterra, mantinha que a família patriarcal é a forma original e universal da vida social e que a *patria potestas*, a autoridade absoluta do patriarca, em que ela se baseia, produziu em toda a parte uma certa fase agnática, ou seja, a determinação da linhagem a partir exclusivamente do sexo masculino. Outro jurista, o suíço Bachofen, chegou justamente a uma conclusão oposta sobre a forma da família primitiva e é curioso que ele e Maine tivessem publicado no mesmo ano as suas conclusões. Segundo Bachofen, primeiro existiu por toda a parte um estado de promiscuidade, depois um sistema matrilinear ou matriarcal e só muito mais tarde na história do homem é que este sistema deu lugar a um outro, patrilinear ou patriarcal.

Um terceiro advogado, também escocês, J. F. McLennan (1827--1881), acreditava firmemente nas leis gerais do desenvolvimento social, embora tivesse o seu próprio paradigma das etapas da evolução e ridicularizasse os dos seus contemporâneos. Segundo a sua opinião, os primeiros homens viviam em promiscuidade, apesar de as provas demonstrarem que em todos os lados o homem começou por se organizar em pequenos núcleos familiares de tipo matrilinear e totémico, ligados por laços de consanguinidade. Estas hordas eram politicamente independentes umas das outras e cada uma delas constituía um grupo exógamo por causa do costume do infanticídio feminino, que obriga os homens do grupo a procurar mulheres noutros grupos tribais. Com o tempo, estas primeiras sociedades desenvolveram, por meio da poliandria, um sistema patrilinear em vez do matrilinear, enquanto a família emergia lentamente na forma a que estamos acostumados. Primeiro aparece a tribo, depois a gens ou clã e, por fim, a família. A teoria de McLennan foi continuada por outro escocês, estudioso do Antigo Testamento e um dos fundadores da religião comparada, William Robertson Smith (1846-1894), que a aplicou a documentos antigos da história árabe e hebraica ([14]).

Sir John Lubbock (1834-1913), mais tarde barão de Avebury, foi um homem versátil que também traçou o desenvolvimento do casamento moderno desde um estádio de prístina promiscuidade ([15]) – o que constituía uma obsessão dos escritores da época. O produto mais complicado e em certos aspetos mais fantástico do método comparado foi a construção do advogado americano L. H. Morgan (1818-1881), que, entre outras coisas, postulou nada menos do que quinze etapas para o desenvolvimento da família e do matrimónio, começando na promiscuidade e terminando na união monógama e na família tal como agora existe na civilização ocidental. Este seu esquema fantasioso do progresso foi incorporado, graças a Engels, na doutrina oficial do marxismo na Rússia comunista.

Ao fazer estas reconstruções, os autores utilizaram muito a ideia a que McLennan chama «símbolos» e Tylor «sobrevivências». As sobrevivências sociais podem comparar-se com os órgãos rudimentares que se encontram em alguns animais ou com as letras mudas das palavras: não têm uma função específica ou, se a possuem, ela é de segunda ordem e diferente da original. Estes autores acre-

([14]) *Kinship and Marriage in Early Arabia*, 1885.

([15]) *The Origin of Civilization*, 1870.

ditaram que tais sobrevivências, por serem relíquias de uma idade anterior, podiam servir para confirmar se uma sucessão de etapas sociais estabelecidas por critérios lógicos era efetivamente uma sucessão histórica; por outro lado, determinada a ordem dessas etapas, poder-se-ia tentar estudar as influências que provocaram a evolução de um determinado nível para o nível seguinte. Por exemplo, Robertson Smith e McLennan consideravam que o costume do levirato indica a existência de um estado anterior da sociedade em que se praticou a poliandria. Por seu lado, Morgan opinava que a existência de um sistema classificatório de parentesco, em que um homem chama «pai» a todos os indivíduos machos da geração do pai, «mãe» a todas as mulheres da geração da mãe, «irmão» e «irmã» aos filhos de toda esta gente e «filho» e «filha» aos seus filhos, era uma evidência de que as relações sexuais nestas sociedades foram em certa altura mais ou menos promíscuas.

Quando nos viramos para o tratamento que os antropólogos do século XIX deram à religião, verificamos que aplicaram o mesmo método que anteriormente exemplificámos, embora aqui, como já mencionei, haja uma mistura de especulações de tipo histórico e psicológico, introduzindo-se na argumentação certas suposições sobre a natureza humana. Sir Edward Tylor (1832-1917), muito mais cauto e crítico do que a maioria dos seus contemporâneos, que não caiu no consabido esquema das fases de desenvolvimento, tentou mostrar que toda a crença e culto religioso se desenvolveram a partir de certas deduções equivocadas da observação de certos fenómenos como os sonhos, transes, visões, doenças, vigília e sono, vida e morte.

Sir James Frazer (1854-1941), a cujo talento literário se deve a divulgação da Antropologia Social entre o público leitor, foi também um grande crente nas leis sociológicas. Postulou três fases de desenvolvimento por onde têm de passar todas as sociedades: magia, religião e ciência. No seu modo de ver, o homem primitivo estava dominado pela magia, que, tal como a ciência, considera a natureza como «uma série de acontecimentos que ocorrem numa ordem invariável, sem a intervenção de um agente pessoal» ([16]). Mas embora o

([16]) Sir J. G. Frazer, *The Golden Bough. The Magic Art*, 3ª ed., vol. I, p. 51, 1922.

mago, tal como o cientista, pressuponha a existência de leis da natureza, cujo conhecimento o habilita a influenciá-las para os seus próprios fins, ele não lida com leis reais, mas sim com leis imaginárias. No decurso do tempo, os membros mais inteligentes da sociedade aperceberam-se disto e, da desilusão resultante, conceberam seres espirituais com poderes superiores aos homens, que podiam ser induzidos por meio de propiciação a alterar o curso da natureza em benefício do propiciador. Esta é a fase da religião. Posteriormente descobriu-se que também isto era uma ilusão e o homem entrou então na última etapa do seu desenvolvimento, a fase científica.

Os antropólogos vitorianos eram homens de uma capacidade extraordinária, de ampla erudição e de uma integridade evidente. Sublinhavam um tanto exageradamente as semelhanças de costumes e de crenças e não prestavam a devida atenção às diferenças existentes, mas devemos reconhecer em seu favor que, ao tratar de explicar as semelhanças importantes em sociedades bastante afastadas no espaço e no tempo, atacavam um problema real e não um problema imaginário. Muitos e valiosos dados provieram das suas investigações. O método comparado permitiu-lhes separar o geral do particular e, consequentemente, classificar os fenómenos sociais.

Assim, a Morgan se deve o começo dos estudos comparados de sistemas de parentesco, que desde então têm vindo a constituir uma parte importante da investigação antropológica. Por sua vez, McLennan não só reuniu uma enorme massa de dados para comprovar a frequência do rito de casamento por rapto nas cerimónias nupciais das sociedades mais simples, como também foi o primeiro a mostrar que a exogamia (foi ele quem inventou a palavra) e o totemismo são características muito comuns nas sociedades primitivas, introduzindo assim dois dos mais importantes conceitos na disciplina emergente. Cabe-lhe também o mérito, juntamente com Bachofen, de ter assinalado a existência de sociedades matrilineares em todas as partes do mundo e reconhecido a sua grande importância sociológica, apesar de a forte corrente de opinião da sua época se inclinar a favor da origem patriarcal da família. Tylor, entre outras realizações, demonstrou a universalidade das crenças animistas e introduziu o termo «animismo» no nosso vocabulário. Frazer, por seu lado, assinalou a extensão geral das crenças mágicas e mostrou que a sua estrutura lógica podia ser reduzida, através da análise, a dois tipos elementares, isto é, a magia homeopática e a magia por contágio; reuniu, além disso, um grande número de exemplos de reinado divino e de outras instituições e costumes, pondo-as de manifesto como padrões sociais e culturais amplamente disseminados.

Além disso, a investigação realizada por estes antropólogos foi conduzida com um espírito muito mais crítico do que a dos seus predecessores. É indubitável que possuíam mais conhecimentos para utilizar nas suas generalizações, mas também devemos reconhecer que os usavam de uma forma mais sistemática do que os filósofos, de quem Maine se queixava dizendo: «Na realidade, as investigações do jurista realizam-se atualmente tal como se efetuavam as do físico e do fisiólogo antes de se substituir a simples suposição pela observação direta. Teorias plausíveis e completas, mas totalmente inverificadas, como as Leis da Natureza ou o Contrato Social, desfrutam de uma preferência universal sobre a investigação séria ao longo da história primitiva da sociedade e das leis» ([17])

As especulações filosóficas tinham pouco valor se não estavam apoiadas em provas reais. A «investigação séria» de Maine e dos seus contemporâneos abriu o caminho para a compreensão das instituições sociais. Ao selecionar e classificar o material recolhido, eles constituíram um corpo fundamental de dados etnográficos, que até aí não existia, donde se podia extrair significativas conclusões teóricas e provar a sua validade.

Outra virtude da maioria dos escritores do século XIX mencionados era que estudavam sociologicamente as instituições, isto é, analisavam-nas em função da estrutura social e não da psicologia individual. Evitavam os raciocínios dedutivos que partiam de postulados sobre a natureza humana, frequentemente empregues pelos filósofos, e tentavam explicar as organizações em função de outras que apareciam com elas na mesma sociedade, nesse momento ou num período anterior da sua história.

Assim, quando McLennan quis descobrir a origem da exogamia, rejeitou explicitamente fazê-lo por meio de um determinante biológico ou psicológico do tabu do incesto e tentou explicá-la por refe-

([17]) *Ancient Law*, ed. 1912, p. 3.

rência aos costumes de infanticídio feminino, às inimizades de clã e às crenças totémicas. Por outro lado, não procurou os fundamentos do rito de casamento por rapto na natureza humana, mas antes mostrou como se pode relacioná-lo com leis exogâmicas e como poderia ser a sobrevivência de um ato de rapina. Do mesmo modo, sugeriu como o sistema patrilinear pôde derivar do sistema matrilinear através da combinação dos costumes de poliandria e patrilocalidade e como a adoração de deuses animais e vegetais, seus símbolos e sua relação hierárquica, entre Judeus, na Índia, na Antiga Grécia e em Roma, poderia ter-se desenvolvido a partir do totemismo e de uma estrutura totémica de tribos.

McLennan aderiu rigidamente à tese de que as instituições sociais são funcionalmente interdependentes. Por exemplo, diz-nos que «para explicar totalmente a origem da exogamia há que reconhecer que onde esta imperava também existia o totemismo; onde este existe imperam, por sua vez, as inimizades de clã; onde existem inimizades de clã, há a obrigação religiosa da vingança; onde prevalece a obrigação religiosa da vingança, prevalece também o infanticídio das fêmeas; onde este predomina, predomina também o sistema de parentesco feminino. Se não se pudesse demonstrar qualquer um destes pontos, todo o raciocínio se desmoronaria» ([18]).

Maine também se interessou por questões sociológicas: as relações da lei com a religião e a moral; os efeitos sociais da codificação da lei em várias circunstâncias históricas; os efeitos do desenvolvimento de Roma como um império militar sob a autoridade legal do pai de família; a relação entre a *patria potestas* e o parentesco agnático; e a evolução, nas sociedades progressivas, da lei baseada no estatuto para a lei baseada no contrato. No tratamento destes problemas, Maine estava completamente certo ao advogar um método sociológico de análise e ao condenar o que hoje se denominariam explicações psicológicas. Argumentava que «o que a humanidade fez nos primeiros tempos não é necessariamente um mistério, mas os motivos que guiaram os indivíduos nesses atos são-nos completamente desconhecidos e é impossível saber alguma coisa sobre eles. Estes esquemas dos sentimentos dos seres humanos nas primeiras

([18]) *Studies in Ancient History* (Segunda Série), p. 28, 1896.

épocas do mundo são elaborados supondo em primeiro lugar que à humanidade faltava uma grande parte das circunstâncias de que hoje se encontra rodeada e, depois, postulando que, nas condições imaginadas, ela manteria os mesmos sentimentos e preconceitos de que está animada na nossa época, embora, de facto, esses sentimentos pudessem ter sido criados ou engendrados por aquelas mesmas circunstâncias que, por hipótese, a humanidade deixou de possuir» ([19]).

Por outras palavras, as instituições primitivas não podem ser interpretadas em termos da mentalidade do investigador civilizado que as estuda, porque a sua mentalidade é o produto de um diferente conjunto de instituições. Pensar de outro modo é cair no que se chama o «sofisma dos psicólogos», que foi frequentemente denunciado por Durkheim, Lévy-Bruhl e outros sociólogos franceses.

Não quero com isto sugerir que as teorias destes antropólogos vitorianos fossem corretas. Na sua maioria, elas não podem ser aceites por nenhum estudioso dos nossos dias; algumas delas, inclusivamente, são absurdas, não só relativamente aos nossos conhecimentos atuais, como também na época em que foram concebidas. Nem pretendo defender o método de interpretação. Estou meramente a tentar valorar o significado destes escritores para a compreensão da Antropologia Social dos nossos dias. Para apreciar os autores em questão e o seu significado, não devemos esquecer as mudanças sociais produzidas na Europa nessa época. Estas mudanças atraíram a atenção de muitos pensadores, especialmente filósofos da história, economistas e estatísticos, para o papel das massas na história, procurando uniformidades e constantes universais e deixando para segundo plano os indivíduos e os acontecimentos particulares ([20]). O estudo das instituições adequava-se facilmente a esta perspetiva, especialmente quando as instituições eram as dos homens primitivos, porque aí só se podiam conjeturar as linhas gerais e a direção da evolução, mas não a parte correspondente aos indivíduos ou a acontecimentos acidentais, uma vez que estes não podiam ser reconstruídos pelo método comparado ou por qualquer outro.

([19]) *Ancient Law*, ed. 1912, pp. 266-267.

([20]) G. P. Gooch, *History and Historians in the Nineteenth Century*, cap. XXVIII e segs., 1949.

Ainda que os antropólogos do século XIX encarassem alguns problemas como os investigadores dos nossos dias, estudavam outros de um modo tão diferente que é difícil ler as suas conclusões teóricas sem irritação e às vezes não podemos deixar de nos sentir embaraçados perante o que parece complacência. A dificuldade para os compreender reside, em parte, nas modificações que se produziram nas palavras utilizadas. O progresso do conhecimento originou uma mudança geral de orientação, assim como alterações no significado dos conceitos. Não devemos esquecer que naquela época se sabia muito pouco das sociedades primitivas e que aquilo que se tomava por factos estabelecidos não passava de meras observações superficiais ou opiniões parciais. Contudo, é evidente que a forma como se utilizava o método comparado para as reconstruções históricas levou a conclusões indesculpáveis e totalmente inverificáveis.

Os investigadores do século passado consideravam que estavam a escrever História, História do homem primitivo, e estavam interessados nas sociedades primitivas não tanto por si mesmas, mas mais pelo uso que delas se poderia fazer nas hipotéticas reconstruções dos começos da história da humanidade e, em especial, das suas instituições. Assim, a obra de Maine *Ancient Law* tem por subtítulo *Its Connection with the Early History of Society, and its Relation to Modern Ideas*; o primeiro livro de Tylor tinha por título *Researches into the Early History of Mankind*; Sir Jones Lubbock escreveu *The Origin of Civilization* e os ensaios de McLennan foram reunidos em dois volumes intitulados *Studies in Ancient History.*

Não deve surpreender-nos que estes autores pensassem estar a escrever História, pois todo o conhecimento da época era de caráter essencialmente histórico. A orientação genética, que deu frutos imprevisíveis na Filologia, utilizava-se para a legislação, teologia, economia política, filosofia e ciência ([21]). Havia por toda a parte a paixão pela descoberta da origem de todas as coisas: a origem das espécies, da religião, das leis, e assim por diante. Este desejo era quase uma obsessão por explicar sempre o mais próximo através do mais remoto ([22]).

([21]) Lord Acton, *A Lecture on the Study of History*, pp. 56-58, 1895.

([22]) Marc Bloch, *Apologie pour L'Histoire ou Métier d'Historien*, p. 5, 1949.

Mencionarei brevemente algumas das objeções mais importantes ao método utilizado nestas tentativas de explicar as instituições pela reconstrução da sua evolução a partir das origens supostas, porque é importante compreender a razão pela qual os antropólogos sociais da Inglaterra se afastaram do tipo de interpretações estabelecidas pelos seus predecessores.

Creio que na atualidade estamos todos de acordo em que uma instituição não pode compreender-se e muito menos explicar-se em função das suas origens, quer estas sejam consideradas como princípios, causas ou, simplesmente, num sentido lógico, como as formas mais simples dessa organização. O desenvolvimento de uma instituição e as circunstâncias em que se produz constituem, na realidade, uma boa ajuda para a entender, mas o conhecimento da sua história, por si só, não é suficiente para nos explicar como ela atua na vida social. Saber como chegou a ser o que é e saber como funciona são duas coisas diferentes, distinção de que me ocuparei nas minhas próximas conferências.

Mas, no caso destes antropólogos do século XIX, verifica-se que não nos oferecem uma História crítica, nem sequer do modo como ela era concebida em meados do século passado. A História ainda era então uma arte literária que distava muito do estudo sistemático das fontes, como é hoje considerada. Mesmo nesses tempos, a História estava pelo menos baseada no estudo de monumentos e documentos que não permitiam de nenhum modo averiguar a evolução das instituições do homem primitivo. Neste aspeto, a reconstrução histórica devia ser quase totalmente conjetural e a maior parte das vezes não passava de suposições mais ou menos plausíveis. Se considerarmos que o homem descende de algum tipo de criatura simiesca, pode ser razoável supor que em algum momento da sua história as relações sexuais foram, em certa medida, promíscuas e tem sentido inquirir como se passou desse estádio ao casamento monógamo. Mas as presunções e reconstruções dessa evolução são puramente especulativas. Não são História.

O método comparado, mesmo quando meramente utilizado para estabelecer correlações, sem tentar dar-lhes um valor cronológico, tinha, quando aplicado às instituições sociais, sérios inconvenientes que nem mesmo o saber e a habilidade de Tylor ou os métodos estatísticos que ele utilizou em seu apoio podiam superar. Os factos submetidos à análise eram geralmente insuficientes ou inexatos, para além de frequentemente isolados dos contextos sociais a que pertenciam e que lhes davam significado. Além disso, tratando-se de fenómenos sociais complexos, era extremamente difícil, senão impossível, estabelecer as unidades que deveriam submeter-se à análise pelo método das variações concomitantes. É fácil averiguar a frequência com que o totemismo aparece associado ao clã, mas é muito difícil definir «totemismo» e «clã» para o objeto que se propõe à investigação. É ainda mais difícil dar uma definição exata de conceitos como «propriedade», «crime», «monogamia», «democracia», «escravidão» e muitos outros termos.

Outra dificuldade nestas investigações, complicada pela disseminação das instituições e ideias, era decidir o que devia considerar-se como exemplo de uma manifestação de um facto social. Deve, por exemplo, a existência de poligamia no mundo muçulmano computar-se como uma ou várias manifestações de poligamia? As instituições parlamentares derivadas e modeladas do sistema britânico, em numerosas regiões do mundo, constituem um ou distintos exemplos de Parlamento?

A partir do que eu disse, ver-se-á claramente agora que a Antropologia do século passado diferia da atual em dois aspetos muito importantes. No passado, tratava de interpretar as instituições, mostrando como elas se podiam ter originado e as etapas que seguiram no seu desenvolvimento. Deixaremos para mais adiante o problema da relevância da evolução histórica para a investigação sociológica, nos casos em que a história é conhecida. Muitos de nós pensamos que se a história das instituições dos povos primitivos é desconhecida, o estudo sistemático de como vivem agora deve preceder qualquer tentativa de adivinhar como apareceram e progrediram. Também mantemos que o modo como se originaram e progrediram é, em todo o caso, um problema que, embora relevante para a questão de saber como funcionam em sociedade, mostra ser distinto e deve ser separadamente investigado por meio de uma técnica diferente.

Por outras palavras, enquanto a Antropologia Social e a Etnologia eram consideradas como uma única disciplina pelos investigadores do século XIX, na atualidade são encaradas como duas disciplinas diferentes.

A segunda diferença para que quero chamar a vossa atenção, só agora parece emergir claramente na Antropologia. Na minha primeira conferência referi-me à diferença entre cultura e sociedade. Esta distinção quase não existia para os antropólogos do século passado. Se a tivessem feito, a sua maioria teria olhado para a cultura, e não para as relações sociais, como o objeto das investigações; e a cultura era para eles algo de concreto. Consideravam a exogamia, o totemismo, a matrilinearidade, o culto dos antepassados, a escravatura, e assim por diante, como costumes – coisas – e entendiam o seu trabalho como uma investigação desses costumes ou coisas. Consequentemente, os seus conceitos tinham de suportar sempre uma carga de realidade cultural tão pesada que a análise comparativa ficava anulada desde o princípio.

Só em fins do século passado os investigadores começaram a classificar as sociedades de acordo com as suas estruturas sociais, em vez de se basearem nas culturas, dando assim o primeiro passo essencial para que os estudos comparados se pudessem revelar de utilidade. Na atualidade, além de estar separada da Etnologia, a Antropologia Social precisou que a sua finalidade é ocupar-se mais das relações sociais do que da cultura e, portanto, pôde apreciar mais claramente os seus problemas e traçar um método de investigação. Este método é ainda comparado, mas é empregue com outro propósito, de maneira diferente e para comparar objetos diferentes.

Para lá destas diferenças de método, sentimos que estamos moralmente afastados dos antropólogos do século passado. Eu, pelo menos, tenho essa sensação. Estes investigadores eram liberais e racionalistas e acima de tudo acreditavam no progresso, quer dizer, nas mutações materiais, políticas, sociais e filosóficas que se estavam a produzir na Inglaterra vitoriana. Industrialismo, democracia, ciência, e assim por diante, eram coisas boas em si mesmas. Consequentemente, as explicações que esboçaram para as instituições sociais, ao serem criticamente examinadas, ficam somente reduzidas a escalas hipotéticas de evolução em cujo extremo superior se acham as formas das instituições ou crenças existentes no século XIX, na Europa e na América, e em cujo extremo inferior se encontram as suas antíteses. Procedeu-se depois a uma ordenação das etapas de desenvolvimento para mostrar o que tinha sido, logicamente, a história da transição de um para o outro extremo dessa escala. A única coisa que poderiam ainda fazer era enfrascarem-se na literatura etnológica à caça de exemplos para ilustrar cada uma destas etapas. Apesar de toda a sua insistência no empirismo e na necessidade do estudo das instituições sociais, os antropólogos do século XIX eram apenas um pouco menos dialéticos, teóricos e dogmáticos do que os filósofos rurais do século anterior, ainda que se preocupassem em sustentar as suas construções com uma certa riqueza de provas factuais, o que era totalmente estranho aos filósofos morais.

Atualmente, não estamos muitos seguros dos valores que eles aceitavam. O abandono da elaboração de estádios de desenvolvimento, que tanto os ocupou, e a orientação para estudos indutivos e funcionais das sociedades primitivas devem ser atribuídos, em parte, ao crescimento do ceticismo a respeito das mudanças produzidas no século XIX e às dúvidas que sobre estas surgiam, isto é, se constituíam ou não um progresso real. Por outro lado, pese embora a opinião de muitos dos que se dedicam à Antropologia Cultural, há que reconhecer que esta disciplina moderna, encarada no seu aspeto teórico, é conservadora: interessa-se mais pelo que origina equilíbrio e integração na sociedade do que pela elaboração de escalas e etapas de progresso.

Contudo, creio que a principal causa de confusão entre os antropólogos do século XIX não deve atribuir-se tanto à sua fé no progresso. Tão-pouco me parece que se deva atribuí-la ao facto de terem procurado um método para determinar a forma como ele se havia materializado, pois sabiam perfeitamente que os seus esquemas eram simples hipóteses que não podiam ser verificadas final e totalmente. Penso que a origem dessa interpretação errónea se deve procurar na crença, herdada da época do Iluminismo, de que as sociedades são sistemas naturais ou organismos que têm necessariamente uma forma de evolução redutível a princípios gerais ou leis. As conexões lógicas apresentavam-se, portanto, como reais e necessárias e as classificações tipológicas como sendas históricas e inevitáveis no desenvolvimento. Como poderá ver-se facilmente, a combinação das noções de lei científica e de progresso leva, na

Antropologia, tal como na Filosofia da História, a postular etapas forçosamente uniformes, cuja suposta inevitabilidade lhes confere um caráter normativo. Naturalmente, os que opinavam que a vida social se pode reduzir a leis científicas chegaram à conclusão de que tipos semelhantes de instituições devem ter sido originados a partir de formas similares e estas de protótipos análogos. Na minha próxima conferência voltarei a abordar este ponto e a sua relação com a Antropologia Social atual.

III

Desenvolvimento Teórico Posterior

Na minha última conferência referi-me às principais características dos escritores dos séculos XVIII e XIX que, de uma maneira ou outra, se ocuparam das instituições sociais segundo um critério antropológico. Em ambos os séculos, a aproximação a estas matérias era naturalista, tinha uma intenção empírica no domínio da teoria, senão mesmo no da prática, e tendeu para as generalizações e sobretudo para o método genético. Esses autores estavam dominados pela ideia de progresso, isto é, da melhoria evolutiva dos modos e costumes da rudeza para a cortesia, da selvajaria para a civilização. O método de investigação que elaboraram – o método comparado – foi principalmente utilizado para reconstruir o hipotético curso deste desenvolvimento. Aqui reside justamente a diferença entre a Antropologia atual e a do passado.

Nos fins do século XIX, surgiu uma reação contra as tentativas de interpretação das instituições sociais mediante uma reconstrução do passado, isto é, contra a pretensão de explicar o pouco que se conhecia através do que se desconhecia quase por completo. Este movimento mostrou-se particularmente orientado contra os esquemas de desenvolvimento paralelo, teoricamente considerados como idealmente unilineares e que tinham estado muito em voga. Esta Antropologia genética, também frequente e incorretamente chamada Antropologia Evolucionista, foi remodelada e apresentada sob um aspeto diferente nos escritos de Steinmetz, Nieboer, Westermarck, Hobhouse ([23]) e outros, mas, apesar disso, perdeu finalmente todo o seu atrativo.

([23]) S. R. Steinmetz, *Ethnologische Studien zur ersten Entwicklung der Strafe*, 1894; H. J. Nieboer, *Slavery as an Industrial System*, 1900; Edward Westermarck, *The Origin and Development of the Moral Ideas*, 1906; L. T. Hobhouse, *Morals in Evolution*, 1906.

Alguns antropólogos inclinaram-se então, em maior ou menor grau, para a Psicologia, que nesse momento parecia proporcionar soluções satisfatórias a muitos dos seus problemas, sem os obrigar a recorrer à história hipotética. Contudo, pretender basear a Antropologia Social na Psicologia é como tratar de construir uma casa sobre areias movediças, quer naquelas circunstâncias, quer nas atuais.

Na orientação geral da teoria antropológica dos séculos XVIII e XIX, há um fundo de conjeturas psicológicas, mas embora as suposições sobre a natureza humana fossem inevitavelmente produzidas pelos escritores da época, eles não sugeriam que os costumes e as instituições pudessem ser entendidos em função dos sentimentos e impulsos individuais. Pelo contrário, como vimos, rechaçaram muitas vezes essa ideia de forma explícita. Deve recordar-se que então não existia nada que merecesse o nome de Psicologia experimental e, assim, quando antropólogos mais recentes, como Tylor e Frazer, quiseram recorrer à Psicologia para uma certa ajuda, foi à Psicologia associacionista que recorreram, mas, quando este tipo de Psicologia passou de moda, acharam-se imersos nas interpretações intelectualistas já superadas que dela extraíram. Posteriormente, esta situação voltou a ocorrer quando passou o auge da Psicologia introspetiva. Penso especialmente em trabalhos realizados por Marett, Malinowski e outros, em Inglaterra, e Lowie, Radin e alguns mais, na América ([24]), sobre matérias como religião, magia, tabus e feitiçaria. Todos estes autores, de um modo ou de outro, trataram de explicar o comportamento social perante o sagrado em função de sentimentos ou estados emocionais: ódio, cobiça, amor, medo, terror, assombro, sentido do misterioso ou extraordinário, admiração, projeção da vontade, e assim por diante. Este comportamento surge em situações de tensão emotiva, frustração ou intensidade emocionais e cumpre uma função de catarse, imprecativa ou estimulante. O avanço de várias psicologias experimentais modernas demonstrou que todas estas interpretações eram confusas ou deslocadas ou não tinham sentido. Contudo, alguns investigadores, especialmente na América,

([24]) R. R. Marett, *The Threshold of Religion*, 1909; B. Malinowski, «Magic, Science and Religion», *Science, Religion and Reality*, 1925; R. H. Lowei, *Primitive Religion*, 1925; Paul Radin, *Social Anthropology*, 1932.

não se desanimaram pela sorte dos seus predecessores e atualmente tentam expor as suas descobertas nessa mistura de Psicologia comportamentista e psicanalítica que se denomina Psicologia da personalidade ou Psicologia de motivações e atitudes.

Há várias e específicas objeções a cada uma destas sucessivas tentativas de explicação dos factos sociais através da psicologia individual e há uma objeção comum a todas elas. A Psicologia e a Antropologia Social estudam diferentes tipos de fenómenos e o que estuda cada uma delas não pode ser compreendido em função das conclusões alcançadas pela outra. A Psicologia estuda a vida individual e a Antropologia Social estuda a vida social. A Psicologia estuda os sistemas psíquicos e a Antropologia Social os sistemas sociais. O psicólogo e o antropólogo social acham-se aparentemente perante os mesmos atos de comportamento, mas uma análise mais profunda revela que eles os estudam em distintos planos de abstração.

Tomemos um exemplo muito simples: um homem levado a tribunal por causa de um crime é declarado culpado por um júri de doze homens e sentenciado pelo juiz para ser punido. Os factos de significado sociológico são neste caso a existência de uma lei, as diversas instituições e processos legais postos em jogo por essa lei e a ação da sociedade política, que castiga o criminoso por intermédio dos seus representantes. Ao longo do processo, os pensamentos e sentimentos do acusado, dos jurados e do juiz variam no tempo em espécie e grau, assim como diferem as suas idades, a cor dos seus cabelos e olhos, mas estas variações não têm importância, pelo menos de forma imediata, para o antropólogo social, pois ele não se interessa pelos atores do drama como entes individuais, mas sim como pessoas que desempenham certos papéis no processo de justiça. Pelo contrário, para o psicólogo, que estuda os indivíduos – os sentimentos, motivos, opiniões, etc., dos atores –, estes elementos são de importância primordial e o processo legal e procedimentos particulares de interesse secundário. Esta distinção essencial entre a Psicologia e a Antropologia Social constitui um ponto liminar para o estudo desta. Estas duas disciplinas só podem ter utilidade mútua – que pode ser bastante grande – se cada uma delas prosseguir independentemente a sua própria investigação sobre os seus próprios problemas e segundo os seus métodos específicos.

Quanto às denominadas teorias evolucionistas da Antropologia do século XIX, pondo de parte as críticas implicadas na atitude dos investigadores preocupados em interpretar psicologicamente os costumes e crenças e que as ignoraram voluntariamente, viram-se atacadas de duas direções diferentes, a partir da teoria difusionista e da funcionalista.

As objeções dos que se deram a conhecer como antropólogos difusionistas estavam baseadas no facto evidente de que a cultura é frequentemente tomada de outros, não emergindo em formas similares em sociedades diferentes por crescimento espontâneo, devido a certas potencialidades sociais comuns e à natureza humana comum. Nos casos em que se conhece a origem e desenvolvimento, seja no campo da tecnologia, da arte ou do pensamento, seja no dos costumes, verificamos quase invariavelmente que não apareceu independentemente num certo número de culturas de diferentes lugares e épocas, mas sim que surgiu no seio de uma única comunidade, num só sítio e num momento determinado da sua história, espalhando-se depois, total ou parcialmente, por outros povos. Examinando o problema mais profundamente, verifica-se que só houve um número limitado de centros de desenvolvimento e difusão cultural com importância e, além disso, que no processo de imitação e incorporação noutras culturas os traços difundidos podem sofrer toda a espécie de modificações e mudanças. Uma prova disso é que todos os inventos de cuja história temos provas fidedignas se difundiram quase invariavelmente deste modo. Por isso, quando encontramos artefactos, ideias e costumes similares entre povos primitivos de diferentes partes do mundo, é bastante lógico supor que, analogamente, estes se difundiram a partir de um número limitado de centros de progresso cultural, ainda que como prova não haja mais do que as implicadas nas similaridades e na distribuição geográfica, especialmente se os traços forem bastante complexos e se se apresentarem também associados.

É evidente o impacto deste raciocínio sobre as teorias genéticas dos antropólogos do século passado, que se viram grandemente desacreditadas pela sua força lógica. Uma vez que, se se pudesse demonstrar que, devido a circunstâncias históricas, uma sociedade adotou uma instituição de outro povo, dificilmente se poderia considerar que essa instituição é consequência do desenvolvimento natural e inevitável das que a precederam e só dificilmente se poderia citar como prova de alguma lei de evolução.

A Antropologia difusionista ainda predomina nos Estados Unidos. Em Inglaterra teve uma influência pouco duradoura, não só pelo uso indiscriminado que dela fizeram Elliot Smith, Perry e Rivers ([25]), como também porque as suas reconstruções estavam igualmente fundadas em hipóteses que eram tão difíceis de verificar como os esquemas genéticos que atacava. Os antropólogos funcionalistas, que passarei a examinar, opinavam, por seu lado, que as discussões entre evolucionistas e difusionistas não passavam de uma simples rixa familiar entre etnólogos, que não lhes dizia respeito.

A objeção funcionalista a ambas as teorias é que as suas reconstruções eram meras suposições e que tentavam explicar a vida social em função do passado. Este não é o método empregue pelos cientistas da natureza, em cuja categoria se incluem a si próprios a maior parte dos investigadores funcionalistas – e isto quer dizer a maioria dos antropólogos sociais ingleses. Para entender como funciona um aeroplano ou o corpo humano, tem de se estudar o primeiro à luz das leis da mecânica e o segundo à luz das leis da fisiologia. Não se necessita de saber a história da aeronáutica ou a teoria da evolução biológica. Do mesmo modo se pode estudar uma língua sob vários aspetos – gramática, fonética, semântica, etc. – sem que seja imprescindível conhecer a história das palavras, o que corresponde à filologia, um ramo diferente da linguística. Analogamente, a história das instituições legais inglesas atuais só pode indicar-nos como chegaram ao seu estado presente, mas não como funcionam na nossa vida social. Para entender como funcionam, é necessário um estudo conduzido segundo os métodos experimentais das Ciências Naturais. Os estudos históricos e os estudos das Ciências Naturais constituem diferentes tipos de estudo, com distintos objetivos, métodos e técnicas. Tentar prosseguir os dois ao mesmo tempo só pode provocar um estado de confusão.

No estudo das sociedades primitivas compete ao historiador dos povos primitivos, ao etnólogo, descobrir, se o puder fazer, como

---

([25]) G. Elliot Smith, *The Ancient Egyptians*, 1911; W. J. Perry, *The Children of the Sun*, 1923; W. H. R. Rivers, *The History of Melanesian Society*, 1914.

chegaram as instituições ao estádio em que se encontram. Por outro lado, é trabalho do cientista, isto é, do antropólogo social, descobrir que funções desempenham elas nos sistemas sociais a que pertencem. Quer dizer, o historiador, ainda que tendo à sua disposição as melhores fontes de documentação possíveis, só pode assinalar qual foi a sucessão de factos acidentais que modelaram a sociedade tal como ela é na atualidade. Estes acontecimentos ou factos não podem ser deduzidos de princípios gerais, nem se obtêm por um estudo dos acontecimentos. Em suma, os antropólogos do século XIX incorriam em duas faltas graves: estavam empenhados em reconstruir a história sem os materiais adequados para o fazer e tentavam estabelecer leis sociológicas por um método que não conduz a essas descobertas. A aceitação geral desta posição separa a Antropologia Social da Etnologia e dá à Antropologia Social a sua atual autonomia no vasto estudo do homem.

Com estas proposições, os antropólogos sociais querem dar a entender que as sociedades são sistemas naturais formados por elementos interdependentes, preenchendo cada um uma necessidade no complexo de relações necessárias à manutenção do conjunto. Pressupõem que a vida social é suscetível de ser reduzida a leis científicas, o que permite a previsão. Há aqui várias proposições. As duas proposições básicas que examinarei em seguida podem ser resumidas nestas afirmações: as sociedades são sistemas; tais sistemas são sistemas naturais que podem reduzir-se a variáveis, com o corolário de que a sua história é irrelevante para um estudo da sua natureza.

É óbvio que na vida social há algum tipo de ordem, consistência e constância. Se não o houvesse, nenhum de nós poderia tratar dos seus assuntos ou satisfazer as suas necessidades mais elementares. É também evidente que esta ordem é produzida pela sistematização ou institucionalização das agendas sociais para que determinadas pessoas desempenhem nelas determinados papéis e para que essas agendas cumpram certas funções na vida social geral. Tomemos um exemplo que já anteriormente utilizámos: num tribunal o juiz, os jurados, os advogados, os empregados, os polícias e o acusado têm papéis específicos a cumprir e a ação do tribunal como um todo tem as funções de determinar a culpa e castigar o crime. Os indivíduos que ocupam esses postos podem variar de caso para caso, mas a forma e a função da instituição são constantes. Também é óbvio que o juiz, os advogados, os empregados e os polícias só podem desempenhar as funções profissionais que lhes correspondem se existe alguma organização económica que não os obrigue, por exemplo, a cultivar e preparar os seus próprios alimentos, mas antes a adquiri-los com a remuneração que recebem pelo desempenho dos seus deveres e, além disso, se há uma organização política que mantém a lei e a ordem para que eles possam cumprir com segurança as suas funções; e assim por diante.

Tudo isto é tão evidente que já nas primeiras reflexões filosóficas sobre a vida social se encontram, de uma ou outra forma, as ideias de sistema social, estrutura social, papéis sociais e funções sociais das instituições. Sem remontarmos a autores mais antigos que os mencionados na minha conferência anterior, podemos verificar que os conceitos de estrutura e função aparecem em Montaigne quando emprega os termos *bastiment* e *liaison* nas suas considerações sobre a lei e os costumes em geral. Compara estes a uma «estrutura de diferentes peças, de tal maneira unidas que é impossível afetar uma delas sem que todo o corpo se ressinta» ([26]). O mesmo conceito de sistema social, que inclui a ideia de função social, está igualmente presente na discussão de Montesquieu sobre a natureza e princípios dos diferentes tipos de sociedade, em que fala da *estrutura* da sociedade e das *relações* entre as suas partes.

Este mesmo pensamento figura também, em maior ou menor grau, em todos os filósofos do século XVIII que escreveram sobre as instituições sociais. Nos princípios do século XIX, Comte enuncia-o claramente. Encontramo-lo também em todos os escritores de Antropologia do século, ainda que subordinado aos conceitos de origem, causas e etapas de evolução, e nem sempre explicitamente formulado. Nos fins do século passado, e especialmente no nosso século, deu-se uma ênfase muito particular ao conceito, em harmonia com a orientação geral do pensamento. Tal como anteriormente a abordagem genética foi dominante em todos os campos do conhecimento, agora encontra-se por toda a parte uma orientação funcional. Há uma Biologia funcional, uma Psicologia funcional, um Direito

([26]) "De la Coustume et de ne Changer aisément une Loy Receüe", *Essais*, Nouvelle Revue Française, Bibliothèque de la Pléiade, p. 132, 1946.

funcional, uma Economia funcional, etc., assim como, a seu lado, uma Antropologia funcional.

Herbert Spencer e Émile Durkheim foram os dois autores que mais especificamente chamaram a atenção dos antropólogos sociais para a análise funcional. Os trabalhos filosóficos de Herbert Spencer (1820-1903) são muito pouco lidos na atualidade, mas durante a sua época exerceram uma grande influência. Spencer assemelha-se a Comte na sua versatilidade: ambos aspiraram a dominar todo o conhecimento humano para erigir dentro dos seus limites uma ampla ciência da sociedade e da cultura, isto é, o que Spencer denominou o superorgânico ([27]). Para ele, a evolução da sociedade humana (mas não necessariamente das sociedades particulares) é uma continuação natural e inevitável do desenvolvimento orgânico. Os grupos tendem sempre a ampliar o seu tamanho e, por conseguinte, aumentam a sua organização e, deste modo, aumentam também a sua integração, pois quanto maior for a diferenciação estrutural, tanto maior será a interdependência das partes do organismo social. A utilização da analogia biológica do organismo por Spencer, embora perigosa como veio a verificar-se, ajudou muito a estabelecer na Antropologia Social os conceitos de estrutura e função. Spencer não se cansava de repetir que em cada fase da evolução das sociedades há uma interdependência funcional necessária entre as suas instituições, as quais, para subsistir, devem tender para um estado de equilíbrio. Foi também um grande advogado das leis sociológicas, quer estruturais, quer genéticas.

As obras de Émile Durkheim (1858-1917) exerceram uma influência mais ampla e direta sobre a Antropologia Social. Este investigador ocupa efetivamente um lugar de exceção na história da Antropologia, devido às suas teorias sociológicas gerais, que, com a colaboração de um grupo de alunos e colegas de talento, aplicou com notável penetração ao estudo das sociedades primitivas ([28]).

([27]) *The Study of Sociology*, 1872; *The Principles of Sociology*, 1882-1883.

([28]) As suas obras mais conhecidas são: *De la Division du Travail Social: Étude sur L'organisation des Sociétés Supérieures*, 1893; *Les Règles de la Méthode Sociologique*, 1895; *Le Suicide: Étude de Sociologie*, 1897; e *Les Formes Élémentaires de la Vie Religieuse*; *Le Système Totémique en Australie*, 1912. Ver também uma série de artigos e sínteses de artigos em *L'Année Sociologique*, desde 1898, e os de Hubert, Mauss e outros na mesma revista.

Em poucas palavras, podemos definir assim a posição de Durkheim: os factos sociais não podem interpretar-se em função da psicologia individual, quanto mais não seja porque se encontram fora e separados das mentes individuais. A língua, por exemplo, já existe antes de um indivíduo nascer na sociedade que a fala e subsistirá depois da sua morte. A única coisa que o indivíduo faz é aprender a falá-la, do mesmo modo que os seus antecessores no passado e os seus descendentes no futuro. Este é um facto social *sui generis*, que só se pode compreender em relação com outros factos da mesma ordem, isto é, como uma parte do sistema social e em função do papel que lhe corresponde na manutenção do próprio sistema.

Os factos sociais caracterizam-se pela sua generalidade, pela sua transmissibilidade e pela sua obrigatoriedade. Em regra, todos os membros de uma sociedade têm a mesma maneira de viver, os mesmos costumes, língua e normas morais, desenvolvendo-se todos dentro do mesmo quadro de instituições legais, políticas e económicas. O seu conjunto forma uma estrutura mais ou menos estável, que persiste com as suas características essenciais durante longos períodos de tempo e que se transmitem de geração em geração. Os indivíduos passam apenas através da estrutura. Não nascem com ela e não morrem com ela, pois não é um sistema psíquico, mas um sistema social, com uma consciência coletiva totalmente diferente da individual. A totalidade dos factos sociais que compõem a estrutura é obrigatória. O indivíduo que não os respeita sofre sempre castigos e é ferido de incapacidades de tipo legal ou moral. Regra geral, ele não tem nem o desejo nem a oportunidade de fazer outra coisa além de conformar-se. Uma criança nascida em França de pais franceses só pode aprender francês e não tem vontade de proceder doutra maneira.

Ao sublinhar a singularidade da vida social, Durkheim foi muito criticado por ter sustentado a existência de uma mentalidade coletiva. Ainda que os seus escritos sejam às vezes um tanto metafísicos, chega-se à conclusão de que jamais concebeu tal entidade. Pelo que denominou «representações coletivas», queria designar o que em Inglaterra seria um corpo comum de valores, crenças e costumes que um indivíduo nascido numa sociedade aprende, aceita e emprega como padrão de vida e, logo, transmite. O seu colega Lucien Lévy-Bruhl (1857-1939) realizou um brilhante estudo do conteúdo ideológico destas representações coletivas numa série de livros que, apesar de bastante mal interpretados e muito criticados pelos antropólogos britânicos, tiveram uma influência considerável em Inglaterra ([29]). Parte da base de que as crenças, os mitos e, em suma, as ideias dos povos primitivos são um reflexo das suas estruturas sociais e, portanto, diferem de sociedade para sociedade. Dedicou-se então a demonstrar que essas organizações formam sistemas cujo princípio lógico é a denominada lei de participação mística. Este é o tipo de análise estrutural que reflete o trabalho de Durkheim, mas, enquanto este autor analisou as agendas sociais, Lévy-Bruhl estudou as ideias a elas associadas.

O lugar privilegiado que corresponde a Durkheim na história do desenvolvimento conceptual da Antropologia Social em Inglaterra explica-se pela influência que as suas obras exerceram no professor A. R. Radcliffe-Brown e no professor B. Malinowski, já falecidos. Estes são os dois homens que fizeram dessa disciplina o que ela é atualmente na Grã-Bretanha. Todos os que ensinam hoje em dia estas matérias em Inglaterra e nos Domínios são direta ou indiretamente, e a maior parte diretamente, alunos destes grandes mestres.

Voltarei a ocupar-me de Malinowski (1884-1942), especialmente quando tratar o trabalho de campo. Para ele, a Antropologia funcional, mais do que o fundamento das técnicas de trabalho, significava algo assim como um meio literário de dar unidade às suas observações com finalidades descritivas. Não era, falando com propriedade, um conceito metodológico, e ele nunca se mostrou capaz de o usar com clareza quando trabalhava com as abstrações da teoria geral. O professor Radcliffe-Brown, pelo contrário, expressou de forma muito mais clara e coerente a teoria funcional ou organísmica (ou organicista) da sociedade. Apresentou-a de forma sistemática, com clareza de exposição e lucidez de estilo.

Afirma este autor que «o conceito de função aplicado às sociedades humanas se baseia numa analogia entre a vida social e a orgânica» ([30]). Segundo Durkheim, define a função de uma instituição

([29]) As suas obras mais conhecidas são: *Les Fonctions Mentales dans les Sociétés Inférieures*, 1912, e *La Mentalité Primitive*, 1922.

([30]) «On the Concept of Function in Social Science», *American Anthropologist*, p. 394, 1935.

social como a correspondência entre a instituição social e as condições necessárias de existência do organismo social; neste sentido, ela representa, de acordo com as suas palavras, «a contribuição de uma atividade parcial para a atividade total, de que faz parte. A função de um costume social particular é a contribuição que dá à vida social total, como expressão do funcionamento do sistema social total» ([31]).

As instituições são, portanto, pensadas enquanto funcionam dentro de uma estrutura social formada por seres individuais «ligados por um conjunto determinado de relações sociais para constituir um todo integrado» ([32]). A continuidade da estrutura mantém-se pelo processo da vida social ou, por outras palavras, a vida social de uma comunidade é o funcionamento da sua estrutura. Assim considerado, um sistema social tem uma unidade funcional. Não é um agregado, mas sim um organismo ou um todo integrado.

Ao falar de integração social, o professor Radcliffe-Brown supõe que «a função da cultura como um todo é unir os seres humanos individuais em estruturas mais ou menos estáveis, isto é, sistemas estáveis de grupos, determinando e regulando as relações desses indivíduos entre si e fornecendo uma tal adaptação externa ao meio físico e uma tal adaptação interna entre os componentes individuais ou grupos que possibilite uma vida social ordenada. Isto é para mim uma espécie de postulado primário para a realização de qualquer estudo objetivo e científico da cultura ou da sociedade humana» ([33]).

A elaboração de conceitos como estrutura social, sistema social e função social segundo as definições dadas pelo professor Radcliffe-Brown nas citações anteriores e tal como hoje os empregam os antropólogos sociais foi uma importante ajuda para a determinação dos problemas suscitados pelo trabalho de campo. No século XIX, os antropólogos deixavam aos profanos o trabalho de recolher os factos em que eles baseavam as suas teorias e não lhes ocorreu que houvesse qualquer tipo de conveniência em estudarem eles próprios

---

([31]) *Ibid.*, p. 397.

([32]) *Ibid.*, p. 396.

([33]) "The Present Position of Anthropological Studies", Presidential Address, *British Association for the Advancement of Science*, Secção H, p. 13, 1931.

os povos primitivos. Isto devia-se ao facto de que consideravam atomisticamente os diferentes elementos da cultura e dos costumes, que eram reunidos para demonstrar a grande similaridade ou a grande diferença de crenças e práticas ou para ilustrar as etapas do progresso humano. Mas quando se compreendeu que um determinado costume carece praticamente de significado se se encontrar separado do seu contexto cultural, chegou-se à conclusão evidente de que era necessário efetuar amplos e detalhados estudos dos povos primitivos em todos os aspetos da sua vida social e que estas investigações somente poderiam ser levadas a cabo por antropólogos sociais profissionais, que, conscientes dos problemas teóricos envolvidos na matéria, são os que possuem o tipo de informação requerida para resolvê-los e os únicos capazes de se colocar na posição onde esta informação pode ser adquirida. A insistência funcionalista na relação entre as coisas foi, em parte, a causa dos modernos trabalhos de campo, assim como também o seu produto. Nas duas próximas conferências discutirei este aspeto da moderna Antropologia Social.

Ao destacar reiteradamente o conceito de sistema social e, por conseguinte, a necessidade de efetuar estudos sistemáticos da vida coletiva dos povos primitivos no seu estádio atual, a Antropologia funcional não só separou, como já vimos, a Antropologia Social da Etnologia, como também juntou o estudo teórico das instituições com o estudo experimental da vida social primitiva. Referimos também como, no século XVIII, as informações proporcionadas pelos exploradores sobre algumas sociedades incultas serviram ocasionalmente de base para ilustrar as especulações filosóficas acerca da natureza e origens das instituições sociais. Vimos depois que no século seguinte estas sociedades primitivas se transformaram no principal objeto da curiosidade de alguns estudiosos interessados no desenvolvimento da cultura e das instituições, que se baseavam exclusivamente nas observações de outros indivíduos. O pensador teórico e o observador ainda estavam divorciados. Na Antropologia funcional, os dois, como explicarei mais pormenorizadamente na conferência seguinte, estão finalmente reunidos e a Antropologia Social em sentido moderno surgiu como uma disciplina distinta em que os problemas teóricos da Sociologia geral são investigados mediante o estudo das sociedades primitivas.

A abordagem funcional teve também o efeito de modificar a finalidade e utilização do método comparado. Vimos que os antropólogos do passado consideravam o método comparado como um meio de realizar reconstruções históricas quando não existiam documentos para tal e notámos que o usavam para comparar exemplos de costumes ou instituições particulares, recolhidos ao acaso em todo o mundo. Uma vez aceite a noção de sistema social como postulado primário, como lhe chama o professor Radcliffe-Brown, a investigação já não tem por objeto a classificação etnológica e a consideração de categorias culturais e esquemas de evolução hipotética. No estudo de sociedades particulares, o objetivo passa a ser a definição das agendas sociais em termos das suas funções dentro do sistema social em questão e, nos estudos comparados, uma comparação de instituições como partes de sistemas sociais ou a relação que têm com toda a vida social das sociedades em que se encontram. Quer dizer, o que o antropólogo moderno compara não são os costumes, mas os sistemas de relações. Também me ocuparei novamente deste assunto nas minhas próximas conferências.

Chegamos agora ao segundo postulado da Antropologia funcional, que afirma: os sistemas sociais são sistemas naturais que podem reduzir-se a leis sociológicas. Consequentemente, a sua história não interessa sob um ponto de vista científico. Devo confessar que, em minha opinião, esta afirmação constitui um exemplo do pior positivismo doutrinário. Creio que poríamos num sério aperto os que dizem que a finalidade da Antropologia Social é formular leis sociológicas, de modo análogo às Ciências Naturais, se lhes pedíssemos alguns exemplos semelhantes ao que nessas ciências se chamam leis. Até agora não se apresentou nada parecido, mesmo remotamente, àquelas leis; só se têm aduzido afirmações deterministas, teleológicas e pragmáticas bastante ingénuas. As generalizações tentadas até ao momento foram, por outro lado, tão vagas e amplas que até mesmo se fossem certas não teriam muita utilidade. Além disso, tendem muito facilmente para se tornar meras tautologias e banalidades que não superam o nível da dedução de sentido comum.

Nestas circunstâncias, parece-me que se deve investigar de novo se os sistemas sociais são efetivamente sistemas naturais: se, por exemplo, um sistema de direito é na realidade comparável a um sistema fisiológico ou ao sistema planetário. Pessoalmente, não encontro nenhuma razão válida para considerar um sistema social como um sistema da mesma espécie que um sistema orgânico ou inorgânico. Parece-me que é um tipo de sistema totalmente diferente e penso que o esforço para descobrir as leis naturais da sociedade é vão e que só pode conduzir a uma série de discussões vagas sobre métodos. Seja como for, não me considero obrigado a provar a inexistência dessas leis, pois é aos que dizem que elas existem que compete dizer-nos em que consistem.

Os que estão de acordo comigo nesta questão devem perguntar-se se é aceitável a pretensão funcionalista de que a história de uma instituição é irrelevante para a sua compreensão tal como ela se apresenta na atualidade, porque essa pretensão baseia-se justamente numa conceção de sistema e de lei que está em desacordo com a nossa. Uma rápida análise deste ponto dar-me-á a oportunidade de expressar a minha própria opinião, porque não quero que se pense que, ao criticar algumas das hipóteses fundamentais do funcionalismo, eu não me considero, noutros aspetos, um funcionalista e um continuador dos meus mestres, os professores Malinowski e Radcliffe-Brown, ou que mantenho que as sociedades são ininteligíveis, que não podem ser sistematicamente estudadas ou que é impossível fazer qualquer tipo de afirmações gerais importantes acerca delas.

Faço notar também que, ao falar aqui de história, não estou agora a discutir as hipóteses etnológicas do tipo genético ou do tipo difusionista. Esse tema pode considerar-se encerrado. Estou, sim, a debater a importância que tem a história das instituições sociais para o estudo dessas mesmas instituições, quando se conhece perfeitamente e em pormenor essa história. Este problema só dificilmente poderia ter chamado a atenção dos filósofos morais do século XVIII e dos seus sucessores vitorianos, porque não lhes ocorria que o estudo das instituições pudesse ser alguma coisa mais do que um estudo do seu desenvolvimento, já que o objetivo final dos seus esforços era estabelecer uma ampla história natural da sociedade humana. As leis sociológicas eram para eles as leis do progresso.

Nos Estados Unidos, ainda que sem a busca de leis – neste aspeto os antropólogos americanos são tão céticos como eu –, a Antropologia, na sua maior parte, é ainda histórica quanto aos seus objetivos. É por isso considerada mais como Etnologia do que como Antropologia Social pelos antropólogos funcionalistas ingleses, que pensam que não é do domínio desta disciplina a investigação da história das sociedades e, além disso, que o conhecimento da história das sociedades não serve para aclarar o funcionamento das suas instituições. Esta atitude é uma consequência lógica da ideia de que as sociedades são sistemas naturais que podem estudar-se seguindo os métodos utilizados pelas Ciências Naturais como a Química ou a Biologia, sempre que tais métodos sejam aplicáveis.

Este é um tema que ganha uma importância cada vez maior à medida que os antropólogos sociais vão estudando sociedades pertencentes a culturas históricas. Enquanto se ocuparam em investigar os aborígenes australianos ou os povos das ilhas dos mares do Sul, em cujas culturas não existe documentação histórica, podiam ignorar a história com a consciência tranquila. Mas agora que começaram a estudar comunidades de camponeses na Índia ou na Europa, os nómadas árabes e outras comunidades parecidas um pouco por toda a parte, já não podem ignorar por mais tempo a questão. São obrigados a escolher deliberadamente entre pôr de parte ou tomar em consideração o seu passado social nos estudos do presente.

Os que não aceitam a posição funcionalista em relação à história opinam que, embora seja necessário realizar estudos separados de uma sociedade sobre o seu estádio atual e o seu desenvolvimento no passado, empregando técnicas diferentes em cada estudo (recomendando, além disso, que em certas circunstâncias esses estudos separados sejam efetuados por pessoas diferentes), o conhecimento do passado possibilita uma compreensão mais profunda da natureza da sua vida social no presente. Efetivamente, a história não é uma mera sucessão de mudanças, mas sim, como já outros autores afirmaram, um processo de desenvolvimento. O passado está contido no presente como este no futuro. Não quer isto dizer que a vida social possa ser entendida através do conhecimento do seu passado, mas que esse conhecimento permite compreendê-la melhor do que se o desconhecêssemos. Por outro lado, também é evidente que os problemas do desenvolvimento social só podem estudar-se em função da história e que unicamente esta proporciona uma orientação experimental satisfatória para testar as hipóteses da Antropologia funcional.

Acerca deste problema muito mais se poderia dizer, mas poder--se-ia pensar que se trata de uma querela doméstica, mais adequada a uma reunião de especialistas, em que se poderia discutir com pormenor, do que um tema para uma minuciosa argumentação perante um público não especializado. Assim, tendo já assinalado a existência dessa divergência de opiniões, não continuarei a tratar deste assunto. Contudo, penso que é razoável expor-lhes o meu ponto de vista sobre o que deveriam ser o método e os fins da Antropologia Social, sobretudo depois de ter afirmado que considero, juntamente com alguns outros colegas e contra a opinião da maior parte deles em Inglaterra, que essa disciplina pertence mais à esfera das humanidades do que à das Ciências Naturais.

Na minha opinião, a Antropologia Social assemelha-se muito mais a certos ramos dos estudos históricos – história social e história das instituições e das ideias, de preferência à história narrativa e política – do que a qualquer disciplina das Ciências Naturais. Como os antropólogos sociais estudam diretamente a vida social e os historiadores o fazem indiretamente a partir de documentos e outras fontes, a semelhança entre esta classe de historiografia e a Antropologia Social ficou um pouco obscurecida. No mesmo sentido intervieram também outras circunstâncias, como o facto de os antropólogos se ocuparem de sociedades primitivas em que não existe documentação histórica e de estudarem em regra problemas sincrónicos, enquanto os historiadores investigam problemas diacrónicos. Estou de acordo com o professor Kroeber ([34]) em que as diferenças que acabamos de mencionar são diferenças de técnica, de tónica e perspetiva, e não de objetivos e método. A historiografia e a Antropologia Social utilizam essencialmente o método da integração descritiva, ainda que a síntese antropológica esteja num plano mais elevado de abstração do que a síntese histórica, apresentando a primeira uma tendência mais marcada e intencional para a comparação e generalização que a segunda.

([34]) A. L. Kroeber, «History and Science in Anthropology», *American Anthropologist*, 1935.

No meu modo de ver, o trabalho do antropólogo pode ser dividido em três fases. Na primeira, como etnógrafo, vai viver no seio de um povo primitivo e aprende o seu modo de vida. Aprende a falar a sua língua, a pensar nos seus conceitos e a sentir segundo os seus valores. Depois revive a experiência de forma crítica e interpretativa, segundo os valores e categorias conceptuais da sua própria cultura e em termos do corpo geral de conhecimentos da sua disciplina. Por outras palavras: traduz uma cultura em termos de outra.

Na segunda fase do seu trabalho, considerado ainda como estudo etnográfico de uma sociedade primitiva particular, ele tenta ir mais além deste estádio literário e impressionista e descobrir a ordem estrutural da sociedade, de modo que seja compreensível não só ao nível da consciência e da ação, como no caso de um dos seus membros ou de um estrangeiro que aprendeu os seus costumes e participa na sua vida, como principalmente ao nível da análise sociológica ([35]). O linguista não se conforma com aprender a falar e traduzir uma língua nativa, antes trata de descobrir os seus sistemas fonéticos e gramaticais. Analogamente, o antropólogo social não se contenta com observar e descobrir a vida social de um povo primitivo, antes procura revelar a sua ordem estrutural fundamental, os padrões que, uma vez estabelecidos, o capacitam para a ver como um todo, como um conjunto de abstrações inter-relacionadas.

Depois de ter isolado estes padrões estruturais numa sociedade, o antropólogo social, na terceira fase do seu trabalho, compara-os com outros padrões de outras sociedades. O estudo de cada nova sociedade aumenta o seu conhecimento do leque de estruturas sociais básicas e capacita-o para construir com mais facilidade uma tipologia de formas e para determinar as suas características fundamentais e as causas das suas variações.

Creio que a maior parte dos meus colegas não estarão de acordo com a minha descrição do trabalho de um antropólogo social. Eles prefeririam explicá-lo na linguagem da metodologia das Ciências Naturais, enquanto as minhas afirmações implicam que a Antropologia Social estuda as sociedades como sistemas morais ou simbólicos e

([35]) Claude Lévi-Strauss, «Histoire et Ethnologie», *Revue de Métaphysique et de Morale*, 1949.

não como sistemas naturais. Que está menos interessada nos processos do que nos objetivos e que, portanto, procura padrões e não leis, demonstra a coerência, mas não necessariamente as relações entre as agendas sociais, e que tende a interpretar mais do que a explicar. Estas diferenças são conceptuais e não simplesmente verbais.

Vimos que na Antropologia Social existe um bom número de problemas metodológicos por resolver e, no fundo, uma série de problemas filosóficos a aguardar resposta: se se devem ou não tentar interpretações psicológicas dos factos sociais; se sociedade e cultura devem ou não constituir um mesmo tema de investigação e que relação existe entre estas duas abstrações; que sentido se deve dar aos termos estrutura, sistema e função; e, finalmente, se a Antropologia Social deve considerar-se como uma Ciência Natural em embrião ou se na sua busca de leis sociológicas está a correr atrás de uma miragem. Em todas estas questões os antropólogos estão em perfeito desacordo e estas diferenças de opinião não se poderão resolver por meio da discussão. A única arbitragem que todos nós aceitamos é a linguagem dos factos – o juízo da investigação. Na minha próxima conferência vou ocupar-me deste lado do problema.

IV

Trabalho de Campo e Tradição Empírica

Nas minhas últimas conferências fiz um resumo rápido do desenvolvimento teórico da Antropologia Social. A teoria modificou-se com o aumento do conhecimento dos povos primitivos, que ela contribuiu para acrescentar em cada geração. É sobre este desenvolvimento do conhecimento que vos falarei hoje.

Houve sempre um preconceito popular, e não de todo prejudicial, de que a teoria não suporta o teste da experiência. Mas, na realidade, uma teoria bem fundamentada não é mais do que uma generalização obtida a partir da experiência e por ela confirmada. Ao contrário, a hipótese não passa de uma opinião não confirmada, baseando-se na suposição de que aquilo que já é conhecido autoriza a encontrar, investigando, um conjunto de dados de determinado género. A investigação antropológica não se pode levar a cabo sem teorias e sem hipóteses, pois as coisas só se encontram se se procuram, embora muitas vezes se encontre algo diferente do que se pretendia encontrar. Toda a história da investigação, quer nas Ciências Naturais, quer nas humanidades, demonstra que a simples recolha do que se denomina factos é de pouco valor se não se possui um guia teórico para os observar e selecionar.

Contudo, ainda se ouve dizer que os antropólogos estudam as sociedades primitivas com certas ideias preconcebidas e que isto deforma as suas observações da vida selvagem. Pelo contrário, o homem prático, que não está influenciado por esses apriorismos, pode fazer um relato imparcial dos factos tal como os vê. Na realidade, a diferença entre ambos os indivíduos é de outra natureza. O estudioso faz as suas observações para responder às interrogações que surgem das generalizações de opiniões especializadas, enquanto o profano responde às que são produto das generalizações da opinião popular.

Quer dizer, ambos estão orientados por teorias, mas, enquanto uma delas é de caráter sistemático, a outra é claramente popular.

Na verdade, a história da Antropologia Social pode considerar-se como a substituição lenta e gradual da opinião pouco autorizada acerca das culturas primitivas por uma outra com maior seriedade. O nível alcançado em qualquer uma das etapas intermédias deste processo está, em linhas gerais, relacionado com o volume de conhecimentos existente em cada época. Afinal o que conta é o volume, a exatidão e a variedade de factos autênticos e comprovados. As observações necessárias para os recolher são guiadas e estimuladas pela teoria. Sublinho que aqui me apoio mais na opinião dos eruditos sobre instituições sociais do que nas considerações populares. Nas especulações teóricas sobre o homem primitivo parece ter havido um movimento de interpretação que oscilou, como um pêndulo, em duas direcções opostas. Ao princípio, considerava-se que o homem primitivo pouco mais era que um animal, que vivia na pobreza, no medo e na violência. Pouco depois passou a considerar-se que era um ser amável, vivendo em abundância, paz e segurança. Primeiro foi um foragido, depois um escravo das leis e costumes. No primeiro caso não tinha sentimentos nem crenças religiosas; no segundo estava totalmente dominado pelo sentido do sagrado e pelo cerimonial religioso. Segundo a primeira conceção, era um individualista que se aproveitava do mais fraco e se apoderava do que podia, do outro ponto de vista, um comunista que compartilhava terras e bens. Primeiro vivia em promiscuidade sexual, depois, era um modelo de virtudes domésticas. Inicialmente era amodorrado e incorrigivelmente preguiçoso, depois, ativo e industrioso. Parece-me que estas mudanças radicais de interpretação são perfeitamente explicáveis, pois quando se tenta alterar uma opinião já existente é natural que na seleção e acumulação de provas contra ela se exagere no sentido oposto.

Estudando o desenvolvimento da Antropologia Social, pode-se comprovar, nestas especulações, a dependência da teoria dos conhecimentos disponíveis e a interdependência de ambos. A opinião predominante nos séculos XVII e XVIII de que a vida do homem primitivo era «solitária, pobre, desagradável, brutal e curta» carecia de fundamento real, ainda que, na verdade, fosse bastante difícil chegar a outra conclusão baseando-se nas informações dos viajantes contemporâneos. Estes descreviam os primitivos que viam com expressões como estas: «Não têm – afirma Sir John Chardin referindo-se aos Circassianos, cujo país atravessou em 1671 ([36]) – nada que possa qualificá-los como homens, a não ser a fala». O padre Stanislaus Arlet, quando se refere aos índios do Peru, em 1698, diz que «se diferenciavam bem pouco das bestas» ([37]). Estes primeiros relatos de viagens, que apresentavam o selvagem como um ser ora brutal ora nobre, eram normalmente fantásticos, falsos, superficiais e cheios de juízos inoportunos.

Contudo, é preciso reconhecer que o refinamento do viajante, assim como o seu temperamento e caráter, influem bastante sobre o tipo de narração apresentada. Assim, a partir do século XVI não faltam relatos em que se dão descrições moderadas e reais, ainda que limitadas, da vida nativa. Podemos referir, além dos já anteriormente mencionados, os escritos do inglês Andrew Battel sobre os naturais do Congo, do padre jesuíta português Jerónimo Lobo sobre os Abissínios, do holandês William Bosman sobre as populações da Costa do Ouro e do capitão Cook sobre os habitantes dos mares do Sul. Do padre Lobo, afirma o dr. Johnson, seu tradutor, em *Pinkerton's Voyages*: «Pela sua forma modesta e pouco afetada de relatar as coisas, parece havê-las descrito do modo como as viu, copiando a natureza da vida, recorrendo aos seus sentidos e não à sua imaginação» ([38]).

Quando estes primeiros viajantes europeus ultrapassavam a descrição e os juízos pessoais, era geralmente para estabelecer paralelismos entre os povos que observavam e os povos antigos que conheciam da literatura, muitas vezes para mostrar que tinha havido algum tipo de influência histórica das altas culturas sobre as inferiores. Assim, o padre Lafitau faz muitas comparações entre os índios peles-vermelhas hurões e iroqueses e os judeus, cristãos primitivos, Espartanos, Cretenses da era clássica e antigos Egípcios. Do mesmo modo, De La Crequinière, um viajante francês que esteve nas Índias

([36]) *Pinkerton's Voyages*, vol. IX, p. 143, 1811.

([37]) John Lockman, *Travels of the Jesuits*, vol. I, p. 93, 1743.

([38]) *Pinkerton's Voyages*, vol. XV, p. 1, 1814.

Orientais no século XVII, dedicou-se a estabelecer paralelismos entre os índios e os costumes judaicos e os da época clássica, contribuindo assim para uma maior compreensão das Escrituras e dos autores clássicos, pois, segundo diz, «o conhecimento dos costumes dos índios não tem nenhuma utilidade em si mesmo...» ([39]).

Entre o apogeu dos filósofos morais e os primeiros escritos autenticamente antropológicos, quer dizer, entre meados do século XVIII e meados do século XIX, o conhecimento sobre os povos primitivos e os do Extremo Oriente sofreu um grande incremento. A colonização europeia da América cobria vastas extensões, a dominação inglesa implantou-se na Índia, e a Austrália, Nova Zelândia e África do Sul estavam colonizadas por emigrantes europeus. O caráter da descrição etnográfica dos povos dessas regiões começou a mudar, passando-se das narrativas de viajantes a estudos pormenorizados de missionários e administradores, que não só dispunham de melhores oportunidades para observar os nativos, como também eram homens de maior cultura que os aventureiros dos primeiros tempos.

Analisadas à luz destes novos dados, muitas das opiniões até aí aceites a respeito dos povos primitivos revelaram-se erróneas ou unilaterais. Como já anteriormente mencionei, a nova informação foi suficiente, em quantidade e qualidade, para que Morgan, McLennan, Tylor e outros construíssem, baseando-se nela, uma disciplina completa dedicada especialmente a estudar as sociedades primitivas. Havia por fim um conjunto de conhecimentos suficientes para comprovar as especulações teóricas e para adiantar novas hipóteses, fundadas numa sólida base de factos etnográficos.

Quando se diz que, no fim de contas, os factos decidem o destino das teorias, deve agregar-se que não são só os simples factos, mas uma demonstração da sua distribuição e importância. Vou dar-lhes um exemplo. Alguns historiadores da Antiguidade e do período medieval já tinham notado, numa série de sociedades primitivas, o modo matrilinear de estabelecer a linhagem. Entre eles contam-se, por exemplo, Heródoto para os Lícios, Maqrizi para os Beja e, entre os observadores modernos, Lafitau para os Peles-Vermelhas norte-

([39]) *Customs of the East Indians*, p. viii, 1705. (Traduzido de *Conformité des Coutumes des Indiens Orientaux*, p. viii, 1704).

-americanos, Bowdich para os Axantis da Costa do Ouro, Grey para os Blackfellows, aborígenes australianos, e alguns outros viajantes para outros povos ([40]). Contudo, estes dados foram olhados como meras curiosidades até ao momento em que Bachofen e McLennan salientaram a sua grande importância para a teoria sociológica. Se se tivesse reunido este material e consequentemente estabelecido a sua importância antes que Maine escrevesse *Ancient Law*, teria sido muito difícil que o autor adotasse a linha que tomou no seu livro e que se viu forçado a modificar em escritos posteriores ante a evidência de tal documentação.

McLennan é um exemplo muito elucidativo das relações que há entre um corpo de conhecimentos e as teorias baseadas nele. Este autor não tinha ilusões acerca do valor de muitos dos textos que utilizava como fontes, que aliás criticava por serem pouco consistentes e estarem viciados por todo o tipo de preconceitos pessoais, mas, ainda que tivesse sido mais cauteloso do que foi, dificilmente teria podido evitar alguns dos erros que o conduziram a uma sucessão de falsas construções. Com as provas de que dispunha McLennan, não havia nenhuma razão válida para não estar convencido de que entre os aborígenes australianos o sistema matrilinear era universal. Sabemos agora que não é assim. Também não é verdade que, como ele pensava, a matrilinearidade prevalece entre a grande maioria das raças incultas. Ele pensava também que a poliandria estava amplamente distribuída, quando na realidade a sua implantação é muito limitada. Estava também enganado quanto ao infanticídio de crianças do sexo feminino, que julgava ser dominante entre os povos primitivos.

O mais grave erro em que incorreu McLennan, sob a inspiração das suas fontes, foi o de supor que entre os povos mais primitivos as instituições do casamento e da família não existiam, ou então que só apareciam com uma forma muito rudimentar. Se tivesse sabido, como sabemos hoje, que essas instituições se encontram, sem exceção, em todas as sociedades primitivas, não teria formulado as

([40]) Joseph François Lafitau, *Mœurs des Sauvages Amériquains*, 1724; T. H. Bowdich, *Mission from Cape Coast Castle to Ashantee*, 1819; George Grey, *Journals of Two Expeditions of Discovery in North-West and Western Australia*, 1841.

conclusões que conhecemos. Estas baseiam-se completamente no dogma de que nas primeiras sociedades não existiam família nem casamento, uma crença que só foi dissipada há pouco tempo, quando Westermarck e depois Malinowski demonstraram a sua impossibilidade face aos factos ([41]).

Com igual facilidade se poderia comprovar que a maior parte das teorias dos outros autores da época eram tão incorretas ou inadequadas como as de McLennan, por causa da inexatidão ou insuficiência das observações que se conheciam por essa altura. Mas até nos casos mais extremos, estes escritores adiantaram pelo menos algumas hipóteses sobre as sociedades primitivas. Estas serviram para orientar as investigações daqueles cuja vocação ou dever lhes exigiam residir entre os povos selvagens, frequentemente durante muito tempo. A partir desse momento criou-se um intercâmbio entre os estudiosos que ficavam na metrópole e uns poucos missionários e administradores que viviam nas regiões atrasadas do mundo. Estes missionários e administradores estavam ansiosos por contribuir para o aumento do conhecimento e aproveitar o que a Antropologia lhes pudesse ensinar para compreender melhor os seus protegidos. Lendo o material publicado pelos antropólogos, acabaram por inteirar-se de que até mesmo as populações situadas no nível mais baixo da escala da cultura material possuíam sistemas sociais complexos, códigos morais, religião, arte, filosofia e rudimentos de ciência que devem ser respeitados e, uma vez compreendidos, mesmo admirados.

Nos seus relatos torna-se evidente a influência, umas vezes benéfica e outras contraproducente, das teorias antropológicas da época. Estes funcionários conheciam os problemas teóricos que preocupavam os eruditos e estavam frequentemente em contacto direto com quem os formulava. Quando os funcionários da metrópole queriam informações sobre algum ponto concreto, adotaram o costume de enviar questionários aos que viviam entre os povos primitivos. O primeiro da série foi elaborado por Morgan para estabelecer a terminologia sobre o parentesco, sendo distribuído aos agentes americanos

([41]) Edward A. Westermarck, *The History of Human Marriage*, 1891; B. Malinowski, *The Family among the Australian Aborigenes – A Sociological Study*, 1913.

instalados em países estrangeiros. Foi com base nas suas respostas que ele publicou em 1871 o seu famoso *Systems of Consanguinity and Affinity of the Human Family.* Mais tarde, Sir James Frazer formulou outra lista de perguntas, *Questions on the Manners, Customs, Religion, Superstitions, etc., of Uncivilized or Semi-Civilized Peoples* ([42]), que enviou para todo o mundo para obter informações que incluiu num ou noutro volume de *The Golden Bough.* O mais completo destes questionários foi *Notes and Queries in Anthropology*, originalmente publicado pelo Instituto Real de Antropologia, em 1874, e atualmente na sua quinta edição.

Muitas vezes estabelecia-se uma correspondência regular entre os eruditos da metrópole e as pessoas que os conheciam por meio das suas obras. Tal é o caso de Morgan, por exemplo, que se correspondia com Fison e Howit, da Austrália, e o de Frazer, que mantinha correspondência com Spencer, na Austrália, e Roscoe, em África. Em épocas muito mais recentes, os empregados na administração colonial seguiam cursos de Antropologia nas universidades britânicas, um evento de que falarei mais tarde nas minhas próximas conferências. Um dos mais importantes vínculos entre o estudioso no seu país e o administrador ou missionário no estrangeiro tem sido o Instituto Real de Antropologia, que, desde 1843, quando foi fundado como Sociedade Etnológica de Londres, oferece um lugar de reunião para todos os interessados no estudo do homem primitivo.

Muitos relatos de profanos sobre povos primitivos são excelentes e, em certos casos, as suas descrições só dificilmente poderão ser superadas pelos melhores investigadores de campo profissionais. Os homens que escreveram estes relatórios possuíam uma vasta experiência sobre as comunidades em questão e falavam o seu idioma. Entre essas obras figuram *The Religious System of the Amazulu* (1870), de Callaway, *The Melanesians* (1891), de Codrington, as obras de Spencer e Gillen sobre os aborígenes da Austrália ([43]), *La vie d'une tribu sud-africaine* (1912-1913), de Junod (edição inglesa de 1898), e *The Ila-Speaking Peoples of Northern Rhodesia* (1920),

([42]) Sem data, provavelmente nos anos do decénio de 1880.

([43]) B. Spencer e F. J. Gillen, *The Native Tribes of Central Australia,* 1899; *The Northern Tribes of Central Australia*, 1904; *The Arunta*, 1927.

de Smith e Dale. Ainda durante o período em que os missionários e os administradores escreviam monografias minuciosas sobre as sociedades primitivas, as observações dos viajantes continuavam a proporcionar informações valiosas e, do mesmo modo, esses trabalhos minuciosos de profanos continuaram a ser de grande valor para a Antropologia, mesmo depois de o trabalho de campo profissional se tornar um hábito normal.

Contudo, tornou-se evidente que para fazer avançar o estudo da Antropologia Social era necessário que os próprios antropólogos efetuassem as suas observações. É realmente surpreendente que, à exceção de Morgan, que estudou os Iroqueses ([44]), nenhum deles tivesse realizado trabalhos de campo até ao final do século XIX. É ainda mais notável que nem sequer lhes passasse pela cabeça a ideia de dar uma olhadela, mesmo breve, a um ou dois exemplares do que constituía a matéria sobre a qual passaram a vida a escrever. William James diz-nos que, quando interrogou Sir James Frazer a respeito dos nativos que tinha conhecido, Frazer exclamou: «Deus me livre!» ([45]). Se se fizesse a mesma pergunta a um cientista da natureza acerca do objeto da sua investigação, ele responderia seguramente de outra maneira.

Como já vimos, Maine, McLennan, Bachofen e Morgan, entre os primeiros autores antropológicos, eram advogados. Fustel de Coulanges era um historiador clássico e medieval, Spencer um filósofo, Tylor um empregado que dominava línguas estrangeiras, Pitt-Rivers um soldado, Lubbock banqueiro, Robertson Smith ministro presbiteriano e estudioso da Bíblia e Frazer um erudito em Antiguidade Clássica. Os homens que depois se vieram a interessar pela matéria eram, na sua maioria, cultores das Ciências Naturais. Boas era físico e geógrafo, Haddon zoólogo da fauna marítima, Rivers fisiólogo, Seligman patologista, Elliot Smith anatomista, Balfour zoólogo, Malinowsky físico e Radcliffe-Brown, embora tivesse passado o Tripos ([46]) de Ciências Morais em Cambridge, também tinha

([44]) *The League of the Iroquois*, 1851.

([45]) Ruth Benedict, «Anthropology and the Humanities», em *Anthropologist*, p. 587, 1948.

([46]) Exame necessário para a graduação numa especialidade em Cambridge *(N. T.)*.

estudado Psicologia experimental. Estes homens tinham aprendido que nas Ciências as hipóteses se devem verificar com as próprias observações, sem esperar que os profanos as realizem na vez do investigador.

As expedições antropológicas começaram na América com os trabalhos de Boas na Terra de Baffin e na Colúmbia Britânica e iniciaram-se em Inglaterra pouco tempo depois quando Haddon, de Cambridge, chefiou um grupo de estudiosos que foram investigar, em 1898 e 1899, a região do estreito de Torres, no Pacífico. Esta expedição marcou uma viragem na história da Antropologia Social na Grã-Bretanha. A partir de então começam dois movimentos de opinião muito importantes e inter-relacionados: por um lado, a Antropologia torna-se cada vez mais uma disciplina que requer uma dedicação completa por parte de profissionais e, por outro, começa-se a olhar para os trabalhos de campo como uma parte essencial da preparação e treino dos seus estudantes.

Os primeiros trabalhos de campo de caráter profissional tinham bastantes defeitos. Os indivíduos que realizavam essas observações, por mais treinados que estivessem na investigação sistemática de qualquer das Ciências Naturais, não podiam realizar um estudo profundo durante o curto período de tempo que passavam entre as populações que queriam investigar. Ignoravam as línguas nativas e os seus contactos com os naturais eram fortuitos e superficiais. O facto de estes estudos nos parecerem hoje totalmente inadequados dá-nos uma medida real dos progressos que a Antropologia realizou de então para cá. Mais tarde, as investigações sobre as sociedades primitivas tornaram-se cada vez mais profundas e esclarecedoras. As de maior importância são, na minha opinião, as do professor Radcliffe-Brown, discípulo de Rivers e de Haddon. O estudo que levou a cabo de 1906 a 1908 ([47]) entre os ilhéus de Andaman foi o primeiro ensaio efetuado por um antropólogo social para investigar as teorias sociológicas no seio de uma sociedade primitiva e descrever a vida coletiva de um povo com a finalidade de evidenciar claramente o que houvesse de importante para essas teorias. Este estudo tem talvez

([47]) A. R.-Brown, *The Andaman Islanders – A Study in Social Anthropology*, 1922.

maior importância para a história da Antropologia do que a expedição ao estreito de Torres, pois os membros desta estavam mais interessados em problemas etnológicos e psicológicos do que em questões de ordem sociológica.

Já assinalámos como a especulação teórica sobre as instituições sociais estava, pelo menos ao princípio, ocasionalmente relacionada com as informações descritivas acerca dos povos primitivos e como mais tarde, no século XIX, estes povos se tornaram o principal campo de investigação para alguns estudantes das instituições, que é o momento – pode-se dizer – em que aparece a Antropologia Social. Contudo, a investigação era então totalmente literária e estava baseava em observações de outros. Chegamos agora, finalmente, à última etapa natural da evolução, na qual as observações e a avaliação dos dados recolhidos são realizadas pela mesma pessoa e em que o estudioso entra diretamente em contacto com o objeto do seu trabalho. Em suma, no passado considerava-se que os documentos eram a matéria-prima necessária ao antropólogo e ao historiador; agora, a matéria-prima é a própria vida social.

Bronislaw Malinowski, aluno de Hobhouse, Westermarck e Seligman, deu um passo em frente na investigação experimental. Embora o professor Radcliffe-Brown possuísse sempre um conhecimento mais amplo da Antropologia Social geral e demonstrasse ser um pensador mais capaz do que Malinowski, este foi o investigador experimental mais acabado. Nenhum antropólogo anterior a ele (e, segundo creio, nenhum posterior) passou um período de tempo tão extenso, de 1914 a 1918, para efetuar um único estudo de um povo primitivo, neste caso os habitantes das Ilhas Trobriand, na Melanésia. Foi o primeiro antropólogo a conduzir a sua investigação através da língua nativa, como também foi o primeiro a viver durante o seu estudo a vida da sociedade local. Nestas circunstâncias favoráveis, Malinowski chegou a conhecer bastante bem os ilhéus das Trobriand e por isso continuou a descrever a sua vida social numa série de monografias, algumas bastante volumosas, até ao momento da sua morte ([48]). Malinowski começou a ensinar em

([48]) *Argonauts of the Western Pacific*, 1922; *The Sexual Life of Savages*, 1929; *Coral Gardens and Their Magic*, 1935.

Londres em 1924. Os seus primeiros dois alunos de Antropologia foram o professor Firth, que está à frente da cátedra de Malinowski em Londres, e eu próprio. Entre 1924 e 1930, seguiram as suas lições a maioria dos restantes antropólogos sociais que atualmente ensinam na Grã-Bretanha e nos Domínios. Pode dizer-se com plena justiça que os estudos experimentais extensivos da Antropologia moderna derivam direta ou indiretamente do seu ensino, pois ele insistia sempre em que o vida social de uma sociedade primitiva só se pode compreender analisando-a a fundo. Necessariamente, todo o antropólogo social deve realizar, como parte da sua preparação, pelo menos um estudo intensivo deste tipo sobre uma população primitiva. Discutirei o que isto significa quando tiver chamado brevemente a vossa atenção para o que penso ser uma importante característica dos primeiros estudos de campo realizados por antropólogos profissionais.

Estes estudos incidiram em comunidades políticas muito pequenas – hordas australianas, acampamentos de Andamans, aldeias melanésias – e esta circunstância teve como efeito a investigação preferencial de certos aspetos da vida social, fundamentalmente o parentesco e o cerimonial religioso, em detrimento de outros, em especial a estrutura política, que não recebeu a atenção que merecia, até as sociedades africanas começarem a ser estudadas. Em África os grupos políticos autónomos contam muitas vezes com vários milhares de membros, pelo que a sua organização política interna e as suas inter-relações suscitaram o interesse dos estudiosos para os problemas especificamente políticos. Isto é muito recente, já que a investigação profissional em África começa com a visita do professor Seligman e sua esposa ao Sudão anglo-egípcio, em 1909-1910, e o primeiro estudo intensivo realizado por um antropólogo social nesse continente foi o que eu levei a cabo entre os Azandes do Sudão anglo-egípcio, a partir de 1927. Desde então, os povos primitivos de África passaram a ser intensivamente estudados e as instituições políticas receberam a atenção que requeriam, como o prova o estudo do professor Schapera sobre os Botsuanos, o do professor Forte sobre os Tallensi da Costa do Ouro, o do professor Nadel sobre os Nupes da Nigéria, o do dr. Kuper sobre os Suazis e o meu próprio trabalho sobre os Nueres do Sudão anglo-egípcio.

Para se entender melhor o que significa um trabalho de campo intensivo, vou indicar o que deve fazer atualmente um indivíduo para chegar a ser antropólogo social. Sublinho que falo em particular do que sucede em Oxford. Quando chega à nossa universidade uma pessoa com um título noutra matéria, começa por preparar-se durante um ano para obter um diploma em Antropologia. Este curso dá-lhe um conhecimento geral da Antropologia Social e também, como já indiquei na primeira conferência, algumas noções de Antropologia Física, Etnologia, Tecnologia e Arqueologia Pré-Histórica. Passa depois outro ano ou mais a escrever uma tese baseada na literatura de Antropologia Social existente e assim obtém o título de B. Litt ([49]) ou B. Sc. ([50]). Depois, se o trabalho o merece e tem sorte, obtém uma bolsa para realizar uma investigação experimental. Prepara-se para ela estudando cuidadosamente os escritos sobre os habitantes da região em que vai levar a cabo o seu trabalho, incluindo naturalmente a língua nativa.

Gasta em seguida pelo menos dois anos num primeiro estudo de campo de uma sociedade primitiva, cobrindo este período duas expedições e uma interrupção entre elas para cotejar o material recolhido na primeira. A experiência tem demonstrado que, para que uma investigação deste tipo seja eficaz, é essencial uma interrupção de alguns meses, que deve passar preferentemente num departamento de universidade. Levar-lhe-á pelo menos outros cinco anos para publicar os resultados das suas investigações ao nível dos trabalhos modernos e muito mais tempo se tiver outras ocupações. Quer dizer, o estudo intensivo de uma única sociedade primitiva e a publicação dos resultados obtidos leva cerca de dez anos.

É conveniente começar logo o estudo de outra sociedade, pois, de contrário, o antropólogo corre o perigo, como sucedeu a Malinowski, de passar o resto da sua vida a pensar em termos de um tipo particular de sociedade. Este segundo estudo leva geralmente menos tempo, porque o antropólogo já aprendeu com a sua experiência anterior a trabalhar rapidamente e a escrever com economia, mas decorrerão seguramente vários anos antes de o seu trabalho ser

([49]) Boccalaureus Literarum, *Bachelor of Letters* (Lic. em Literatura).

([50]) *Bachelor of Science* (Lic. em Ciências).

publicado. Assim, requer-se uma grande dose de paciência para suportar esta larga preparação e investigações tão demoradas.

Neste esboço do treino de um antropólogo, disse apenas que ele necessitava de fazer um estudo intensivo dos povos primitivos. Ainda não disse como o faz. Efetivamente, como é que se faz um estudo de um povo primitivo? Responderei muito brevemente e em termos gerais a esta pergunta, indicando somente as regras que considero essenciais para um bom trabalho de campo e omitindo toda a discussão sobre técnicas especiais de investigação. De todos os modos, estas técnicas especiais são muito simples e de pouca transcendência. Algumas delas, como os questionários e censos, só se podem empregar com sucesso em sociedades que tenham atingido um maior grau de sofisticação do que o constatado entre os povos primitivos, antes de o seu modo tradicional de vida ter sido substancialmente alterado pelo comércio, educação e administração coloniais. Há muito de verdade no argumento de Radin de que «a maior parte dos bons investigadores dificilmente se apercebem da forma minuciosa como recolhem a sua informação» ([51]).

Contudo, sabe-se por experiência que são necessárias certas condições essenciais para realizar uma boa investigação: o antropólogo deve dedicar um tempo suficientemente amplo ao estudo, deve estar em estreito contacto com o povo no seio do qual está a trabalhar, só deve comunicar com ele através da língua nativa e deve estudar toda a sua cultura e vida social. Considerarei cada um destes pontos por separado, pois, embora pareçam evidentes, constituem na realidade as características distintivas da investigação antropológica britânica, que fazem que ela seja, na minha opinião, diferente da realizada em qualquer outra parte e com maior qualidade.

Os primeiros especialistas que fizeram trabalhos de campo estavam sempre apressados. As suas rápidas visitas às populações nativas só duravam às vezes uns poucos dias e raramente mais do que algumas semanas. Uma investigação deste tipo pode ser muito útil como orientação preliminar para estudos mais intensivos e é possível até deduzir dela classificações etnológicas elementares, mas tem pouco valor para interpretar a vida social. Hoje em dia a situação é

([51]) Paul Radin, *The Method and Theory of Ethnology*, p. ix, 1933.

muito diferente, pois, como já se disse, o estudo de uma sociedade leva de um a três anos. Isto permite realizar observações em todas as estações do ano, registar até ao último pormenor a vida social da comunidade e verificar sistematicamente as conclusões a que se chegou.

Contudo, ainda que dispusesse de um tempo ilimitado para as suas investigações, o antropólogo não poderia apresentar um bom estudo da sociedade que está a observar se não se colocasse numa situação que lhe permita estabelecer vínculos de intimidade com os nativos e, portanto, examinar as suas agendas diárias de dentro, e não de fora, da sua vida comunal. Deve viver, na medida do possível, no interior dos seus povoados ou acampamentos, tentando comportar-se como um elemento físico e moral da coletividade. Só desse modo poderá ver e ouvir o que sucede na vida quotidiana normal dessa comunidade e observar os acontecimentos menos habituais, como por exemplo cerimónias e ações legais. Além disso, participando nessas atividades, capta pela ação tanto como pelo ouvido e a vista o que sucede à sua volta. Esta maneira de recompilar os dados é bastante diferente da dos primeiros investigadores de campo e da dos missionários e administradores. Como estes viviam fora da comunidade nativa, em postos das missões ou do governo, na sua maior parte tinham de se basear principalmente nos relatos de uns quantos informadores. Se por acaso visitavam uma aldeia nativa, as suas visitas interrompiam e alteravam as atividades que eles tinham vindo observar.

Não se trata aqui somente de uma questão de proximidade física, mas sim também de um aspeto psicológico. O antropólogo que vive entre os nativos, tratando de assemelhar-se tanto quanto possível a eles, coloca-se ao seu nível. Diferentemente do administrador ou do missionário, ele não tem autoridade ou estatuto legal a defender e, além disso, encontra-se numa posição neutral. Não se acha entre os nativos para modificar a sua forma de vida, mas, modestamente, para estudá-la. Não tem assistentes nem intermediários que se interponham entre ele e o povo, não há polícias, intérpretes ou catequistas para o separar dos naturais.

O que é talvez mais importante para o seu trabalho, é que está completamente só, separado da camaradagem dos homens da sua própria cultura e raça, contando apenas com os nativos que o rodeiam para procurar companhia, amizade e compreensão humana. Pode considerar-se que um antropólogo fracassou se, no momento de despedir-se dos habitantes da região, não existe em ambas as partes uma profunda pena na partida. É evidente que ele só pode instaurar esta intimidade se lograr converter-se em membro da sua sociedade e viver, pensar e sentir segundo a sua cultura, pois só ele, e não eles, pode efetuar a adaptação necessária para que isto seja possível.

Compreende-se assim que, para que o investigador possa realizar o seu trabalho nas condições que acabo de mencionar, deva aprender a língua nativa. Qualquer antropólogo que se preze converterá a sua aprendizagem na primeira tarefa, evitando os intérpretes desde o início do seu estudo. Algumas pessoas não têm facilidade para aprender rapidamente uma língua estrangeira e tem de se reconhecer que muitos dos idiomas primitivos são incrivelmente difíceis de assimilar. Contudo, é imprescindível dominá-los o mais completamente possível, segundo a capacidade do estudante e as complexidades da língua, pois desta maneira o investigador não só poderá entender-se perfeitamente com os nativos como também alcança outras vantagens. Para poder compreender o pensamento de um povo torna-se necessário pensar utilizando os seus próprios símbolos. Além disso, ao aprender uma língua, também se aprende a cultura e o sistema social, que não podem deixar de estar refletidos conceptualmente no idioma. Todo o tipo de relação social, de crença e de processo tecnológico – de facto, tudo o que integra a vida social dos nativos – tem a sua expressão em palavras e em ações. Quando se chega a compreender perfeitamente o significado de todos os termos da sua língua em todas as suas situações de referência, completou-se o estudo da sociedade. Posso acrescentar que, como todo o investigador experimentado sabe, a tarefa mais difícil no trabalho de campo de natureza antropológica é determinar o significado de umas quantas palavras-chave, de cuja correta compreensão depende o êxito de toda a investigação. E elas só podem ser definidas pelo próprio antropólogo, que aprende a usá-las nas suas conversas com os nativos. Outra razão para estudar a língua da região ao princípio do trabalho é que dessa forma o investigador coloca-se numa posição de completa dependência em relação aos nativos. Vai ao seu encontro não como um mestre mas como um aluno.

Finalmente, o antropólogo deve estudar a vida social total. É impossível compreender clara e profundamente qualquer parte da vida social do povo, a não ser no contexto da sua vida social como um todo. Portanto, embora não tenha a obrigação de publicar todos os dados recolhidos, no caderno de notas de um bom antropólogo achar-se-á uma descrição pormenorizada, incluindo as tarefas mais comuns, como a forma de ordenhar uma vaca ou de cozinhar a carne. Além disso, se o investigador decidiu escrever um livro sobre as leis, religião ou economia de uma sociedade, descrevendo um aspeto da sua vida e negligenciando os restantes, não pode esquecer o pano de fundo que constituem o conjunto das agendas sociais e a estrutura social total.

Tais são, de maneira muito breve, os requisitos essenciais de um bom trabalho de campo antropológico. Devemos averiguar agora quais são as condições necessárias para o levar a cabo. É óbvio que, em primeiro lugar, é necessário que o investigador de campo tenha tido um treino académico em Antropologia Social. Além disso, deve possuir bons conhecimentos da teoria geral e da etnografia da região onde trabalha.

É certo que qualquer pessoa educada, inteligente e sensível pode chegar a conhecer bem um povo estranho e escrever um relatório excelente sobre o seu modo de vida. Posso até dizer que muitas vezes chega a conhecê-lo melhor e a redigir um livro melhor sobre ele do que muitos antropólogos profissionais. Uma série de estudos etnográficos muito corretos foram escritos muito antes de se falar de Antropologia Social. Entre estes contam-se, por exemplo, *Hindu Manners*, e *Customs and Ceremonies*, de Dubois (1816), e *An Account of the Manners and Customs of the Modern Egyptians*, de Lane (1836). Por isso, não se pode negar que um profano pode obter bons resultados, mas penso também que é verdade que, mesmo ao nível de translação de uma cultura para outra, sem entrar em linha de conta com uma análise estrutural, um homem que some às suas outras qualificações uma preparação em Antropologia Social pode fazer um estudo muito mais profundo e amplo, pois uma pessoa deve aprender o que tem de procurar e como observar.

Quando chegamos à etapa da análise estrutural, o profano acha-se perdido, uma vez que neste caso é imprescindível ter conhecimentos da teoria, problemas, métodos e conceitos técnicos. Se, por exemplo, saio a passear e depois de regressar escrevo uma informação sobre as rochas que vi, poderei conseguir uma descrição excelente mas nunca de caráter geológico. Analogamente, um profano pode fazer uma relação da vida social dum povo primitivo, mas, ainda que seja um excelente relatório, nunca será um estudo de tipo sociológico. Nesse caso, naturalmente, existe, além disso, a diferença de que para o estudo das rochas o geólogo apenas necessita de conhecimentos científicos, habilidade técnica e instrumentos apropriados, enquanto na observação antropológica das sociedades intervêm qualidades pessoais e humanas que um leigo pode muito bem possuir, mas não um antropólogo. Por outro lado, é possível pôr-se no lugar dum indivíduo pertencente a uma cultura diferente, mas não na de uma rocha.

Portanto, o trabalho de campo antropológico requer, além dos conhecimentos teóricos e preparação técnica, um certo tipo de caráter e temperamento. Por exemplo, muitos indivíduos não podem suportar a tensão do isolamento, especialmente em condições que, em regra, não são nada confortáveis nem saudáveis; outros, por seu lado, não conseguem efetuar as necessárias adaptações intelectuais e emocionais. Para que o antropólogo compreenda a sociedade nativa, esta deve estar dentro dele e não apenas refletida no seu caderno de notas. A capacidade de pensar e sentir alternadamente como um selvagem e como um europeu não é fácil de adquirir-se, se é que, de facto, alguma vez pode ser adquirida.

Para atingir esta proeza, o indivíduo deve abandonar-se sem reservas e possuir certos poderes intuitivos que nem toda a gente tem. Muitos estudiosos que sabem o que devem observar e como observar podem realizar um trabalho de caráter meramente eficiente sobre uma sociedade primitiva. Porém, quando há que determinar se um homem pode fazer uma investigação com mais profundidade de compreensão, é preciso procurar algo mais do que a simples capacidade intelectual e preparação técnica, já que estas qualidades, por si sós, não fazem um bom antropólogo, como tão-pouco podem fazer um bom historiador. O que resulta do estudo duma população primitiva não deriva apenas das impressões recebidas pelo intelecto, mas do impacto na personalidade total, quer dizer, do observador como um ser humano total. Consequentemente, o êxito do trabalho de campo depende, de certo modo, da capacidade de um homem para estudar uma sociedade em particular. Um indivíduo que não sirva para investigar determinado povo pode ser muito apropriado para o estudo doutro. Para que tenha êxito, tem de sentir um interesse e simpatia crescentes pelo objeto do seu trabalho.

É difícil encontrar o tipo exato de temperamento associado à capacidade, preparação especial e amor ao estudo cuidadoso que são os requisitos do bom êxito da investigação. Mas é ainda mais raro que tais condições se combinem também com a penetração imaginativa do artista, que faz falta para interpretar o observado, e a habilidade literária, necessária para traduzir uma cultura estranha para a língua da sua própria cultura. O trabalho do antropólogo não é fotográfico. Ele tem de decidir o que é significativo naquilo que observa e o que deve pôr em relevo na subsequente narração das suas experiências. Para isto, além de um amplo conhecimento de Antropologia, deve possuir um talento especial para as formas e os padrões, assim como um toque de génio. Não quero com isto dizer que haja alguém entre os antropólogos com todas estas qualidades que definem o perfeito investigador de campo. Alguns são dotados em certos campos e outros noutros e cada um usa os talentos que possui da melhor forma possível.

Ora, uma vez que o trabalho de campo de natureza antropológica depende bastante – como creio todos hão de admitir – da pessoa que o realiza, pode perfeitamente perguntar-se se se alcançariam os mesmos resultados com outra pessoa a conduzir os trabalhos. Esta é uma questão muito difícil. A minha resposta seria, e creio que os dados que possuímos sobre a matéria autorizam a pensar que ela é correta, que, tratando-se dos meros factos registados, estes seriam praticamente os mesmos em ambos os casos, mas, como é lógico, com diferenças individuais na sua perceção.

Para uma pessoa que saiba o que anda a procurar e como deve procurar, é quase impossível que se equivoque a respeito dos factos, sobretudo se passa dois anos no seio de uma sociedade pequena e culturalmente homogénea, sem fazer outra coisa senão estudar a forma de vida dos nativos. Chega a conhecer tão bem o que se dirá e o que se fará em qualquer situação – quer dizer, a vida social torna-se tão familiar para ele – que deixa de ser necessária a continuação das suas observações ou dos seus questionários. Além disso, independentemente do seu caráter, o antropólogo especula dentro dos limites de um conjunto de conhecimentos teóricos que determinam nas suas linhas gerais os seus interesses e as suas linhas de investigação. Trabalha também dentro dos limites impostos pela cultura do povo que investiga. Se são pastores nómadas, tem de estudar o nomadismo pastoril. Se andam obcecados pela feitiçaria, tem de estudar a feitiçaria. Não tem outra saída senão a de seguir os padrões culturais locais.

Deste modo, embora pense que diferentes antropólogos que examinem o mesmo povo acabarão por registar os mesmos factos nos seus cadernos de notas, creio que eles escreveriam diferentes tipos de livros. Dentro dos limites impostos pela sua disciplina e pela cultura examinada, os antropólogos são guiados, na escolha dos temas, na seleção e agrupamento dos factos para os ilustrar e na decisão do que é e não é significativo, pelos seus diferentes interesses, que refletem diferenças de personalidade, de educação, de estatuto social, de opiniões políticas, de convicções religiosas, e assim por diante.

Só se pode interpretar o que se vê em termos de experiência pessoal e em função do que se é. Os antropólogos, embora possuindo em comum um conjunto de conhecimentos, diferem tanto como as outras pessoas em matéria de experiência adquirida e no que respeita ao seu próprio caráter. A personalidade de um antropólogo não pode ser eliminada do seu trabalho, do mesmo modo que a personalidade do historiador não pode ser ignorada no seu. Fundamentalmente, ao ocupar-se de um povo primitivo, o antropólogo não está apenas a descrever a vida social dessa comunidade o mais corretamente possível, mas também a expressar-se a si mesmo. Neste aspeto, o seu relatório deve expressar um juízo moral, especialmente quando aborda assuntos bastante suscetíveis e sobre os quais tem uma opinião definida, e, assim, os resultados de um estudo dependerão, pelo menos nesta exata medida, do que o indivíduo traz consigo e envolve na investigação. As pessoas que conhecem tão bem como eu os antropólogos e os seus trabalhos estarão de acordo com a minha opinião. Se tivermos em conta a personalidade de quem escreve e considerarmos que os efeitos destas diferenças individuais tendem a corrigir-se entre si no seio do amplo setor dos estudos antropológicos, não creio que devamos preocupar-nos desnecessariamente com este problema, pelo menos pelo que toca à credibilidade das descobertas antropológicas.

Há, contudo, um aspeto mais geral da questão. Por diferentes que sejam entre si os distintos investigadores, todos eles são filhos da mesma cultura e da mesma sociedade. Além da sua preparação e dos seus conhecimentos especializados, todos possuem fundamentalmente as mesmas categorias e valores culturais, que canalizam a sua atenção para determinadas características da sociedade que estão a investigar. Religião, direito, economia política, etc., são categorias abstratas da nossa cultura em que se padronizam as observações da vida social dos povos primitivos. As pessoas que pertencem à nossa cultura notam certas espécies de factos e de uma certa maneira. As pessoas que pertencem a culturas diferentes notarão, pelo menos em certa medida, factos distintos e percebê-los-ão de outro modo. Se considerarmos que isto é certo, os dados registados nos nossos cadernos não são factos sociais, mas sim factos etnográficos, visto que na observação houve seleção e interpretação. Neste momento não posso comentar este problema geral de perceção e avaliação, mas tão-somente deixá-lo enunciado para o futuro.

Para terminar, devo dizer, como já terão notado ao falar do trabalho de campo antropológico e das qualidades e condições necessárias para o realizar, que segui a opinião expressa na minha conferência anterior de que a Antropologia Social deve considerar-se mais como uma arte que como uma Ciência Natural. Os meus colegas que sustentam uma opinião contrária teriam tratado de maneira bastante diferente os temas a que me referi nesta conferência.

V

Estudos Antropológicos Modernos

Nas minhas segunda e terceira conferências tentei dar uma ideia do desenvolvimento teórico da Antropologia Social, isto é, do desenvolvimento das teorias acerca das sociedades primitivas, ou sobre aquilo que, no século passado, se denominaria instituições do homem primitivo e, no século anterior, sociedades incultas. Na última conferência passei em revista o progresso dos nossos conhecimentos sobre essas sociedades primitivas e expliquei como tinham melhorado, em qualidade e quantidade, os relatos sobre elas, desde as observações fortuitas dos exploradores até aos estudos intensivos dos modernos profissionais, passando pelos detalhados registos de missionários e administradores. Esta constante progressão do conhecimento foi modelando sucessivamente as teorias que, em cada reformulação, passaram a orientar a observação para camadas cada vez mais profundas e novos campos da vida social dos povos primitivos, conduzindo isto, por sua vez, a um novo incremento de informação.

O grande desenvolvimento da investigação deu origem a uma nova orientação dos fins e métodos da Antropologia Social. Nesta conferência farei um breve resumo de algumas das tendências a que deu lugar e, depois, como exemplo do tipo de estudo a que se dedicam atualmente os investigadores de campo, tratarei pormenorizadamente umas quantas monografias antropológicas em que registaram e ordenaram as suas observações. Já vimos como se realizam estas. Estudaremos agora como se organizam e a utilização que delas fazem os antropólogos.

O ponto fulcral que convém não esquecer é que o antropólogo trabalha dentro de um corpo de conhecimentos teóricos e faz as suas observações para solucionar os problemas que dele derivam. Esta insistência nos problemas é uma característica de qualquer tipo de estudo. Lord Acton recomendava aos seus alunos de História que estudassem problemas e não períodos. Por seu lado, Collingwood dizia aos estudantes de arqueologia que estudassem problemas e não jazidas. Nós aconselhamos os nossos estudantes de Antropologia a estudar problemas e não povos.

As primeiras monografias de trabalhos de campo consistiam em geral em relatos descritivos de um ou outro povo, sem especial atenção a uma análise sistemática, ainda que as especulações pseudo-históricas fossem às vezes tomadas por tal. Cada estudo compreendia uma série de capítulos que tratavam sucessivamente e em pormenor dos diferentes aspetos da vida social: meio ambiente, características raciais, demografia, estatísticas vitais, tecnologia, economia, organização social, ritos de passagem, leis, religião, magia, mitologia, folclore, passatempos, etc. As monografias modernas tentam ser algo mais do que a mera descrição da vida social de um povo com interpretações de tipo mais popular, que é a que necessariamente conduz qualquer descrição de uma cultura em termos de outra. Elas apontam para uma descrição analítica e integrante que faça ressaltar aquelas características da vida social que são significativas para a compreensão da sua estrutura e para a teoria geral.

Esta posição começou a ser entendida logo que os estudiosos da teoria iniciaram as suas próprias investigações de campo. Isto significa que os factos, isto é, as observações registadas no caderno de notas do antropólogo, não se publicam para descrever o que faz ou diz um povo, mas sim para demonstrar que o que ele diz ou faz, além do seu interesse intrínseco, clarifica alguns problemas da cultura ou da vida institucional. Por outras palavras, para decidir o que deve figurar no seu livro e o que deve deixar de fora, o antropólogo guia-se pela importância do material para um determinado tema e pela sua utilidade para ressaltar características significativas de algum sistema de agendas sociais.

Na realidade, é nesta parte de anotação e redação que o antropólogo social se defronta com uma séria dificuldade. Já vimos que ele realiza um estudo global da vida social do povo. Está então obrigado a publicar uma memória completa das suas observações em todos os aspetos da sua vida? O historiador não se enfrenta nesta fase com o mesmo problema. Ele pode selecionar, no material à sua disposição, o que é relevante para o seu tema e pôr o resto de parte. O que não incorpora no seu livro não fica perdido. O antropólogo, e também, em grande medida, o arqueólogo, estão numa posição bastante diferente, porque aquilo que não registam pode ficar, e muitas vezes fica, perdido para sempre. O antropólogo não é só o cotejador e o intérprete de fontes. É o criador delas.

Daí que muitos opinem que o dever do investigador de campo não se reduz apenas a anotar, mas também a publicar tudo aquilo que observou, tenha ou não tenha interesse para ele. A primeira coisa que o deve preocupar é reunir a maior quantidade possível de dados enquanto haja sociedades primitivas suscetíveis de serem estudadas. O antropólogo é um recompilador de dados e não um árbitro, uma vez que decidir sobre a importância de um facto significa supor o interesse das gerações futuras. Esta é uma dificuldade a que tentamos responder de diferentes modos. A prática mais comum consiste em o investigador publicar uma série de monografias sobre os diversos aspetos da vida de um povo primitivo que lhe parecem de particular importância, usando para esta finalidade apenas os dados que se demonstram relevantes para os seus temas selecionados e suficientes para os ilustrar. Os restantes publicam-se em revistas especializadas ou são mimeografados ou reduzidos a microfilmes.

A enorme massa de informação que se pode recolher ao estudar um povo primitivo durante dois anos implica uma mudança, já bastante evidente, no método antropológico, apesar de se adotar a utilização dos dados já anteriormente referida. Vimos que no passado os antropólogos eram uns devotos do método comparado. Quer a finalidade fosse reconstruir a história, quer descobrir fórmulas descritivas gerais, o procedimento era o mesmo. Lia-se uma grande quantidade de livros, extraía-se deles informação respeitante à matéria da investigação e juntava-se esta num novo livro. Não vamos entrar de novo em considerações sobre o valor deste tipo de estudo comparado literário. Está amplamente provado que se trata de uma formidável tarefa que não pode ser levada a cabo por um homem que está obrigado a publicar os resultados de dois ou três trabalhos de campo que tenha realizado, pois, para os completar, se além disso tiver algum cargo docente ou administrativo, necessitará do resto da sua vida. Como hoje em dia quase todos os antropólogos fazem trabalhos de campo, esta situação encontra-se bastante generalizada.

É evidente que, nestas circunstâncias, a Antropologia Social rapidamente se desintegraria numa infinita sucessão de estudos desconexos se não houvesse um método comum de investigação para substituir o velho uso do método comparado. Ora, esta necessidade encontra-se hoje suprida pelo que nas Ciências Naturais se denominaria método experimental, que é o resultado de a Antropologia Social se ter transformado em estudo de campo ou disciplina baseada na observação. O exemplo que se segue pode aclarar o que quero dizer.

Um antropólogo realizou um estudo dos ritos religiosos numa sociedade primitiva e chegou a determinadas conclusões acerca do papel que desempenham na vida social. Se formula estas conclusões com clareza e em termos que permitam resolvê-las como problemas suscetíveis de ser investigados, é possível que ele próprio ou outro antropólogo façam observações numa segunda sociedade capazes de demonstrar se as conclusões iniciais têm ou não uma ampla validade. Provavelmente descobrirá que algumas são válidas na sua totalidade, que outras o não são e que outras ainda, com certas modificações, tornar-se-ão corretas. Partindo do ponto alcançado pelo primeiro estudo, a investigação no segundo trabalho já se realizará, presumivelmente, de maneira mais intensa, adicionando-se algumas novas formulações às conclusões confirmadas do primeiro estudo. Surge assim uma hipótese sobre os ritos religiosos dos povos primitivos baseada no seu estudo em duas sociedades. Logo a seguir segue-se um terceiro estudo, um quarto e um quinto. O processo pode continuar indefinidamente. Se os estudos são sistemáticos e cada um tenta verificar as conclusões obtidas até esse momento e adiantar novas hipóteses que permitam uma verificação, com o progresso do conhecimento e o aparecimento de novos problemas cada uma dessas hipóteses conduzirá a um nível mais profundo de investigação, que por sua vez levará a uma definição cada vez mais clara de conceitos. Cada novo trabalho, se possui algum valor, não só nos proporciona informação acerca de determinada instituição na sociedade primitiva estudada, como também aclara as características significativas dessa instituição noutras sociedades, inclusive naquelas em que a importância dessas características não foi apercebida pelos primeiros investigadores. Considerado neste sentido, o trabalho de campo pode ser hoje em dia qualificado de experimental. Também é, noutro sentido bastante diferente, comparado, mas numa aceção substancialmente distinta daquilo a que chamamos «método comparado», que foi praticamente abandonado, em parte pelas razões que já expus e em parte porque só raras vezes dá resposta às perguntas que se fazem.

Do que tenho vindo a dizer deduz-se outra mudança de direção, pois não só se transformou o método como também, em parte, a finalidade da investigação. Compreende-se perfeitamente que o trabalho de campo seja incompatível com os esquemas de evolução social propugnados pelos antropólogos do século passado, já que não é possível fazer uma análise direta dos factos históricos ou daqueles de que não se conservou um registo. Num trabalho de campo de um povo primitivo não há maneira de provar ou refutar a hipótese de que ele foi em tempos matrilinear ou que viveu num estado de promiscuidade sexual.

Além disto, o alcance da investigação é inevitavelmente limitado a pequenos problemas, dentro de cujos limites é possível fazer um estudo que pode levar a conclusões frutuosas. Hoje, os esforços ambiciosos no sentido de obter sínteses de alcance universal cedem o lugar a trabalhos mais modestos e menos espetaculares. Enquanto o antropólogo do século XIX procurava as respostas para perguntas tais como: «Qual é o significado sociológico da religião?», atualmente nenhum investigador, ou pelo menos nenhum que tenha senso comum, perguntará tal coisa. Pelo contrário, trata de determinar, por exemplo, o papel que desempenha o culto dos antepassados num sistema social do tipo a que chamamos de linhagem segmentar entre alguns povos africanos. Em vez de tentar pintar numa gigantesca tela o desenvolvimento da noção de responsabilidade ou o desenvolvimento do Estado em toda a raça humana, o antropólogo atual concentra-se nos pequenos problemas que permitem uma investigação direta e uma observação pessoal, como sejam as funções do feudo ou a posição de chefia de certo tipo em sociedades onde as agendas sociais que se concentram à volta destas instituições possam ser observadas e estudadas. Em vez de discutir se as sociedades primitivas são comunistas ou individualistas, o antropólogo moderno procura realizar estudos pormenorizados do complexo de direitos coletivos ou individuais centrados na propriedade, às vezes na terra outras no gado, numa determinada sociedade, para descobrir como estão relacionados estes direitos entre si e com os sistemas sociais em que se integram: sistemas de parentesco, sistemas políticos, sistemas de culto, e assim por diante.

Em resumo, a Antropologia Social prefere efetuar atualmente estudos de observação, intensivos e pormenorizados, sobre uma série de algumas sociedades selecionadas, com o objetivo de resolver problemas limitados. Assim se pensa obter um maior conhecimento da natureza da sociedade humana do que o que se conseguiria mediante generalizações em larga escala feitas a partir da literatura. Graças a isto, só agora começamos a conhecer um pouco da vida social dos povos primitivos.

A insistência da moderna Antropologia Social na realização de estudos de campo sobre problemas limitados teve outra consequência para a qual queria chamar a vossa atenção, antes de dar alguns exemplos de estudos modernos. Nas conferências anteriores já sublinhei que os antropólogos do século XIX tinham um sentido realista da cultura. Interessavam-se pelos costumes e estes eram para eles entidades independentes. Coisas que uma sociedade tinha e que outra sociedade não tinha. Até mesmo um escritor de mentalidade tão sociológica como McLennan considerava a exogamia, o totemismo, a matrilinearidade, e assim por diante, como elementos de costumes que, somados, formavam as culturas. Portanto, o estudo era orientado no sentido de determinar se um povo tinha ou não leis exogâmicas, se era totémico ou se possuía sistemas patrilineares ou matrilineares.

Este tipo de taxonomia cultural foi sendo lentamente abandonado pelos antropólogos sociais ingleses. Poder-se-ia dizer muito sobre este tema, mas é suficiente afirmar que o investigador moderno tende a pensar mais em termos de sociedade do que em termos de cultura, isto é, em termos de sistemas sociais e valores e nas suas inter-relações. Também já não se contenta em saber que o povo tem crenças totémicas, mas procura descobrir como podem essas crenças refletir os valores da descendência e a solidariedade dos grupos baseados num antepassado comum. Ele não acredita que saber que o povo traça a linhagem pelas mulheres, e não pelos homens, constitua um conhecimento significativo em si mesmo. Antes investiga como este sistema matrilinear afeta a relação irmão-irmã ou a relação irmão da mãe-filho da filha. Alguns destes estudos modernos, como se verá, são mais abstratos e estruturais do que outros – há uma grande diferença de opiniões sobre os métodos de análise –, mas todos eles tendem a ser, quando comparados com os anteriores, sociológicos e funcionais. Passo agora a dar-vos alguns exemplos.

Vou começar com o sumário de um dos livros de Malinowski, porque ele foi o primeiro antropólogo profissional a realizar um trabalho de campo intensivo mediante a utilização da língua nativa. Embora tivesse recolhido uma enorme quantidade de material sobre os islenhos das Trobriand e publicado vários volumes sobre eles antes de morrer, só pôde dar uma informação parcial deste povo, e nós continuamos ainda a ignorar algumas das suas mais importantes agendas, especialmente a sua organização política e o seu sistema de parentesco. O livro que vou discutir, *Argonauts of the Western Pacific* (1922), ainda que pormenorizado e escrito num estilo jornalístico, pode considerar-se um clássico da Etnografia descritiva, não só por ser o primeiro no seu género, como também pelo seu considerável mérito.

A obra trata de um conjunto de agendas que os habitantes das ilhas Trobriand chamam *kula*. Estes islenhos e os nativos de algumas ilhas vizinhas formam uma espécie de liga para a troca de certos objetos: colares compridos de conchas vermelhas e braceletes de conchas brancas. Neste sistema de troca, os colares percorrem o circuito das comunidades das ilhas num sentido, e os braceletes descrevem o mesmo circuito mas em sentido contrário. Estes objetos não têm nenhum valor prático, mas apenas um valor ritual ou de prestígio, consistindo o prestígio no renome que um indivíduo adquire pelo facto de receber, possuir e logo passar a outros alguns objetos especialmente estimados. Os homens que tomam parte nestes intercâmbios têm sócios nas ilhas que visitam. O tráfico realiza-se com formalidade e decoro e não deve haver regateios. Estes só se produzem uma vez terminadas as trocas rituais, quando têm lugar as transações comerciais ordinárias, como o negócio de alimentos ou artigos de uso prático. A *kula* propriamente dita é o sistema de intercâmbio ritual por meio do qual colares e braceletes percorrem as comunidades das ilhas num circuito interminável.

Para levar a cabo estas trocas, os chefes das aldeias e grupos de aldeias vizinhas organizam grandes expedições comerciais, o que pressupõe a preparação de canoas, conhecimentos náuticos, conhecimento de feitiços mágicos para lutar contra os azares da aventura e conhecimento das tradições e mitos para guiar os argonautas nas suas viagens e negociações. Malinowski considerou por isso necessário dar ao longo de todo um livro a informação de todas estas e muitas outras matérias. Deste modo viu-se na necessidade de nos deixar uma relação pormenorizada da magia e dos mitos, de nos descrever a paisagem, de nos narrar como os nativos cultivam os seus jardins, de nos indicar qual é a posição das suas mulheres, como constroem e navegam nas suas canoas, e assim por diante. Chegou mesmo a narrar os seus próprios sentimentos pessoais, já que também estava ali. Pinta-nos portanto um quadro da realidade vivida da sociedade destas ilhas que lembra as novelas de Émile Zola.

Neste livro sobre os habitantes das Trobriand, o primeiro que escreveu e o melhor na minha opinião, ele expõe muito claramente a sua conceção do que constitui um sistema social e faz uma análise funcional do mesmo. Para ele, o sistema social é uma sucessão de agendas ou acontecimentos, e não um conjunto de abstrações. Para sair numa expedição, os habitantes das ilhas fabricam canoas. Ao construí-las pronunciam fórmulas mágicas; estas têm a sua origem em contos e mitos e, por outro lado, podem pertencer a uma pessoa por herança do seu tio materno. Na construção de uma embarcação e no planeamento de uma expedição, os chefes organizam e dirigem o trabalho; a sua autoridade provém principalmente da sua riqueza, que é maior do que a da gente comum. Eles são mais ricos porque possuem maiores jardins. E têm maiores jardins porque possuem várias mulheres. Para Malinowski todas estas diferentes agendas formam um sistema, uma vez que cada uma delas depende de todas as outras e a função de cada uma é a parte que desempenha no conjunto total de agendas que têm uma relação direta ou indireta com o intercâmbio dos objetos rituais da *kula*.

Dum certo ponto de vista, é exato que tudo isto constitui um sistema de agendas. Este modo impressionista de apresentar a vida social é muito eficaz, mas, a falar verdade, o tema principal acaba por reduzir-se a uma síntese descritiva dos acontecimentos. Não é uma integração teórica, embora os problemas teóricos sejam discutidos nos interlúdios ao longo da história. Consequentemente, não há um verdadeiro padrão de relevância, pois cada coisa tem uma relação espacial e temporal com todas as outras na realidade cultural e seja qual for o ponto de que se parta está-se sempre no mesmo terreno. A este nível de factos, uma descrição da vida social em termos dos seus vários aspetos leva inevitavelmente a infinitas repetições e às denominadas conclusões teóricas, que não são mais que redescrições numa linguagem mais abstrata, pois as correlações discretas só dificilmente se podem descobrir se não se partir de uma realidade concreta. Malinowski podia ter começado a partir da chefia e descrever a *kula* em função desta instituição ou podia também escrever o seu livro sobre a magia e descrever a *kula* e a chefia em função desse elemento.

Como raras vezes recorreu às abstrações, Malinowski não pôde ver claramente o que talvez seja o aspeto mais característico da *kula*, quer dizer, a reunião de comunidades políticas autónomas por meio da aceitação de valores rituais comuns. Além disso, a comparação da vida social de uma comunidade assim descrita com outras, analogamente consideradas, fica limitada à avaliação das semelhanças e diferenças culturais e não pode ser de tipo estrutural, que requer um certo grau de abstracção. Contudo, a literatura sobre o tema enriqueceu-se com alguns excelentes e importantes estudos etnográficos sobre um certo número de sociedades primitivas, levados a cabo por alunos de Malinowski com o que ainda se pode considerar, em grande medida, um sentido realista da cultura. Entre estes contam-se *We, the Tikopia*, do professor Firth (1936), *Reaction to Conquest*, de Hunter (1936), *A Handbook of Tswana Law and Custom*, do professor Schapera (1938), e *Land, Labour and Diet in Northern Rhodesia*, do dr. Richards (1939).

O termo abstração tem vários significados. Pode significar o tratamento de apenas uma parte da vida social, em atenção a problemas de investigação especiais e limitados, considerando o resto unicamente na medida em que é relevante para o estudo desses problemas. Também pode entender-se como uma análise estrutural realizada mediante a integração de abstrações feitas a partir da vida social. Como exemplo do primeiro procedimento discutirei o livro da dr.ª Mead intitulado *Coming of Age in Samoa* (1929). Trata-se de um livro discursivo, quase diria de conversa fiada e feminino, com tendência para o pitoresco. É o que eu chamo literatura antropológica de tipo «murmúrio-do-vento-nas-folhas-das-palmeiras», de que Malinowski lançou a moda.

O objetivo do livro é demonstrar que as dificuldades da adolescência, particularmente as das raparigas, que são um aspeto tão comum e perturbador da vida americana, não se observam na Samoa, logo, podem considerar-se como o produto de um género particular de ambiente social, originado pelas restrições da civilização e não devido à natureza. A dr.ª Mead trata de demonstrar-nos como as condições da adolescência na Samoa são diferentes das americanas. Com tal objetivo, conta-nos tudo o que observou a respeito do quadro social da rapariga da Samoa, como, em sentido amplo, é educada, como decorre a sua infância, qual o seu lugar na vida da família, do povo e no círculo mais vasto da comunidade e a variedade das suas relações sexuais com os jovens. A descrição é sempre feita em ordem ao problema em estudo, isto é, à moldagem da personalidade da rapariga, que vai crescendo em função das condições sociais, e às reações da sua personalidade às mudanças fisiológicas da puberdade.

A conclusão a que se chega neste estudo é que não há diferenças entre as raparigas americanas e as raparigas samoanas no processo de adolescência em si mesmo. As diferenças residem na resposta que se lhe dá. Na Samoa não há crises ou pressões, mas um desenvolvimento ordenado de interesses e atividades. «As mentes das raparigas – diz-nos a dr.ª Mead – não estão dominadas por conflitos, perturbadas por questões filosóficas, tentadas por remotas ambições. Viver como uma rapariga com muitos amantes, tanto tempo quanto possível, e depois casar-se no seu próprio povoado, perto dos seus parentes, e ter muitos filhos, são ambições uniformes e satisfatórias» ([52]).

A rapariga americana, na mesma fase da sua vida, sofre tensões e pressões porque o seu ambiente social é diferente. Quais são então as diferenças mais significativas? A dr.ª Mead é de opinião que as mais

([52]) P. 157.

importantes residem na falta de sentimentos pessoais profundos e de valores antagónicos na sociedade da Samoa. A rapariga samoana não se preocupa excessivamente por alguma coisa ou por alguém e, em especial, não cristaliza grandes esperanças em nenhuma relação social. Isto deve-se em parte ao facto de que não são educadas num estreito círculo familiar, mas sim num círculo mais amplo de parentesco, de modo que a autoridade e o afeto encontram-se divididos por um grande número de pessoas. Ainda mais importante é a cultura homogénea dos samoanos. Todos eles têm os mesmos padrões de comportamento. Há apenas um conjunto de crenças religiosas e um único código moral. Consequentemente, as adolescentes samoanas não têm que escolher nestas matérias, o que inevitavelmente teria de afetar as suas relações com os que as rodeiam, e evitam assim os conflitos que derivam de se ter escolhido entre diferentes conjuntos de valores e os desajustamentos e neuroses que resultam dos conflitos. A adolescente americana, pelo contrário, depara-se no seu meio social com tantos e tão variados valores antagónicos que é obrigada a realizar uma escolha, que é precursora do conflito.

O livro que acabo de comentar distingue-se da maioria das modernas monografias de trabalhos de campo pelo facto de que nele não se apresenta uma análise da estrutura social da Samoa, nem sequer de forma esquemática. Por isso, é difícil ter qualquer tipo de perspetiva sobre os factos relatados. Contudo, é um bom exemplo de um estudo dedicado a um único problema, escrito por uma mulher sumamente inteligente.

Vou agora falar de dois livros meus. Como desculpa posso alegar que é mais fácil apresentar uma análise de uma cultura que nos é familiar do de outra que desconhecemos. Estas duas obras ilustram a utilização da abstração em dois casos bastante diferentes: o primeiro é o estudo de um sistema de ideias, o segundo o estudo de um sistema de grupos políticos.

O meu primeiro livro, *Witchcraft, Oracles and Magic among the Azande* (1937), ocupa-se de um povo da África Central. É uma tentativa de tornar compreensíveis uma série de crenças, todas elas estranhas à mentalidade de um inglês contemporâneo, mostrando como constituem um sistema de pensamento inteligível relacionado com as agendas sociais, a estrutura social e a vida do indivíduo.

Entre os Azande é costume geral atribuir qualquer infortúnio que suceda à bruxaria, que eles consideram como um estado orgânico interno, embora a sua atuação decorra, segundo pensam, por meios psíquicos. O bruxo envia o que eles chamam a alma ou o espírito da sua feitiçaria para causar males nos outros. O prejudicado consulta então os oráculos, de que existem diversos tipos, ou um adivinho, com a finalidade de descobrir quem o está a prejudicar. O processo pode ser muito demorado e complicado, e, uma vez descoberto o culpado, pede-se-lhe que cesse a sua influência maligna.

Se num caso de doença o bruxo não interrompe a sua atividade maléfica e o atacado morre, os parentes do morto podiam, antigamente, levar o assunto ante o seu príncipe e exigir vingança ou uma compensação. A outra possibilidade, que é a que se emprega invariavelmente nos nossos dias, é destruir o feiticeiro por meio de magia letal. Os Azande não só conhecem este tipo de bruxaria como também possuem, além disso, um vasto reportório de princípios e técnicas de magia. Para conhecer algumas delas é preciso pertencer a associações mágicas especiais, que servem principalmente para proteger as suas pessoas e agendas dos encantamentos.

Bruxaria, oráculos e magia formam assim um complexo sistema de crenças e ritos que só têm significado se se considerarem como partes interdependentes de um todo. Este sistema possui uma estrutura lógica: se aceitarmos certos postulados, as deduções e ações nelas baseadas são corretas. Um feitiço provoca a morte de uma pessoa. Logo, uma morte é prova de feitiçaria e os oráculos confirmam que foi a feitiçaria que a provocou. A magia aparece para vingar a morte. Se um vizinho morrer pouco depois, os oráculos determinam que ele morreu vítima da magia de vingança. Vemos, pois, que o pensamento místico forma uma espécie de mosaico, em que cada um dos elementos das crenças encaixa perfeitamente. Portanto, se, num sistema de pensamento tão fechado, uma determinada experiência está em contradição com uma crença, isto só pode provar que a experiência é errada ou inadequada. Ou então, para dar uma solução satisfatória à aparente incongruência, haveria que interpretar a contradição através de complicadas explicações secundárias baseadas nas crenças. Até o ceticismo acaba por corroborar as crenças sobre que se exerce. Assim, ao criticar determinado adivinho ou, por exemplo, desconfiar de um certo oráculo ou forma de magia, o que se consegue é apenas aumentar a fé noutros feiticeiros e no sistema como um todo.

A análise de um grande número de casos em que surgiu a discussão sobre feitiçaria e dos comentários dos Azande sobre o assunto em muitas ocasiões mostra que a feitiçaria lhes proporciona uma filosofia dos acontecimentos que é intelectualmente satisfatória. À primeira vista parece absurdo sustentar que se as térmitas destruíram os suportes de um celeiro e este caiu em cima de um homem sentado à sua sombra, matando-o, isto é um ato de feitiçaria. Ora bem, os Azande, tal como nós, não negam que o colapso do celeiro seja a causa imediata da morte; o que afirmam é que se o indivíduo não tivesse estado enfeitiçado o celeiro não teria caído nesse preciso momento sobre esse determinado homem que estava sentado naquele lugar. Porque não caiu noutro momento ou quando estava lá sentada outra pessoa? É fácil explicar a queda do celeiro. Foi devida às térmitas e ao peso do milho armazenado no seu interior. Também é fácil explicar a presença do homem debaixo dele. Estava aí por causa da sombra, resguardando-se do calor do dia. Mas porque é que estas duas cadeias de acontecimentos coincidem num certo ponto no espaço e no tempo? Nós dizemos que a coincidência se deve ao acaso. Os Azande explicam-na pela feitiçaria. A feitiçaria e o celeiro, operando conjuntamente, mataram o homem.

O conceito de feitiçaria proporciona aos Azande, não só uma filosofia natural, como também uma filosofia moral, em que também está contida uma teoria psicológica. Ainda que um homem seja um feiticeiro, a sua feitiçaria não prejudicará as pessoas a não ser que haja um ato de vontade. Terá sempre de haver um motivo e este encontrar-se-á sempre nas más paixões dos homens, no ódio, na cobiça, na inveja, no ciúme e no ressentimento. As desditas provêm da feitiçaria, e a feitiçaria é dirigida por más intenções. Os Azande não culpam um homem por ser feiticeiro. Ele não o pode evitar. O que denunciam é a maldade que existe nele e que o leva a prejudicar outros. Eu posso acrescentar que os Azande têm plena consciência do que os psicólogos chamam projeção, ou seja, que quando um homem diz que um outro o odeia e o está a enfeitiçar, muitas vezes é o primeiro que odeia e que é o bruxo e, além disso, que também se apercebem do papel importante desempenhado pelos sonhos, ou do que agora se denomina subconsciente, nas más paixões dos homens. Por outro lado, é necessário sublinhar que o dogma de que a maldade de um feiticeiro é a causa das desditas não pode invocar-se como desculpa para as ações provocadas por erros ou ignorância. A feitiçaria só provoca infortúnios imerecidos. Consequentemente, se um homem comete adultério, se é desleal ao seu rei, se falha em alguma empresa, como a olaria, por exemplo, por falta de habilidade, está sujeito às penalidades ou fracassos que mereçam as suas ações.

Como o feiticeiro só prejudica o homem que tenha más intenções a seu respeito, o atingido por uma doença ou outro infortúnio põe os nomes dos seus inimigos ante os oráculos e, consequentemente, é um inimigo que os oráculos declaram ser o homem que o está a enfeitiçar. As acusações de feitiçaria, portanto, só surgem entre pessoas cujas relações sociais permitem estados de inimizade. A sua incidência é determinada pela estrutura social. Por exemplo, as relações entre crianças e adultos não são de natureza a fomentar estados de inimizade e assim as crianças não são acusadas de feitiçaria contra os adultos. Por razões semelhantes, os nobres não são acusados de enfeitiçar plebeus, ainda que neste caso haja outra razão suplementar, que é a de que nenhum plebeu se arriscaria a acusar um nobre de feitiçaria. Do mesmo modo, uma vez que as mulheres na sociedade azande não têm relações sociais com homens, exceto os seus maridos e os homens da sua linhagem – e nunca prejudicariam a sua linhagem –, elas só são acusadas de enfeitiçar as vizinhas e os seus maridos, e nenhum outro homem.

Os oráculos têm graus de importância. Uns são menos seguros do que outros nas suas revelações e, consequentemente, não se pode proceder até que as suas afirmações sejam confirmadas pela autoridade máxima, o oráculo dos venenos. A importância deste depende, por sua vez, do estatuto social do seu dono. Um caso pode portanto transitar de um oráculo para outro, tal como no nosso país de um tribunal para outro, até chegar ao oráculo do rei, que dita o veredito final, do qual não há apelo. Assim, o mecanismo legal que funciona em casos de feitiçaria está, em última instância, nas mãos do rei e dos seus representantes, o que faz com que a ação social provocada por esta crença seja um dos principais suportes da autoridade real.

O funcionamento das práticas de feitiçaria no seio da vida social está também intimamente vinculado ao sistema de parentesco, especialmente através do costume de vingança. Creio ter já dito o suficiente para mostrar que, graças à investigação antropológica, o que à primeira vista apenas parece uma superstição absurda é na realidade o princípio integrante de um sistema de pensamento e leis morais que desempenha um importante papel na estrutura social.

O meu segundo livro, *The Nuer. A Description of the Modes of Livelihood and Political Institutions of a Nilotic People* (1940), trata de um tipo muito diferente de povo e sociedade e ocupa-se de problemas de variadíssimas espécies. Os Nueres são pastores seminómadas que vivem na zona de pântanos e savanas do Sul do Sudão anglo-egípcio. Formam um conglomerado de tribos e, como não têm chefes nem instituições legais, a tarefa mais importante a realizar pareceria ser descobrir o princípio que preside à sua integração tribal ou política. É evidente que os Nueres, como possuem uma cultura material muito simples, dependem bastante do meio que os rodeia. Examinando a sua ecologia, verifica-se que a manutenção da vida pastoril em condições difíceis torna necessária uma ordem política bastante ampla para conservar o seu modo de vida. Esta ordem política é fornecida pela estrutura tribal. Um estudo das diferentes comunidades locais dentro de uma tribo nuer pôs em evidência que cada uma delas se encontra identificada politicamente com uma linhagem, embora a maioria dos seus membros não pertença a esta linhagem, e que todas estas linhagens são ramos de um único clã. Cada divisão territorial de uma tribo está assim coordenada com o ramo correspondente deste clã dominante, de modo que as relações entre as partes de uma tribo, tanto a sua separação como a sua unidade, estão conceptualizadas e expressas dentro de um quadro de valores ligados à descendência.

Como exemplo do tipo de problema que estudamos e da análise estrutural que realizamos, e deixando de lado outras questões investigadas sobre este fundo estrutural geral, passarei a comentar muito brevemente o conceito que os Nueres têm do tempo.

Só esboçarei em linhas gerais o raciocínio que mostra, por um lado, que o conceito das mudanças naturais como pontos de referência para assinalar o tempo está determinado pelo ritmo das agendas sociais e, por outro lado, que esses mesmos pontos de referência são reflexo das relações estruturais entre grupos sociais. Os pontos de referência quotidiana são as tarefas do *kraal* e, para os períodos mais longos, as fases de outras agendas periódicas, como a monda ou os movimentos sazonais dos homens e dos seus rebanhos. A passagem do tempo é a sucessão de agendas e as relações que têm entre si. Daqui derivam uma série de conclusões interessantes. Por exemplo, que o tempo não tem o mesmo valor em todas as estações do ano. Além disso, como os Nueres carecem de um sistema abstrato para medir o tempo, não consideram, como nós, que este seja algo real que passa, que pode ser desperdiçado, poupado, etc. Por outro lado, não necessitam de coordenar as suas agendas em função de uma passagem abstrata do tempo, porque os seus pontos de referência são as próprias agendas. Deste modo, em certo mês, fazem-se as primeiras represas para a pesca e estabelecem-se os primeiros acampamentos para o gado; ora, como se está precisamente a fazer essas agendas, deve ser, pois, esse mês ou estar então muito perto. Quer dizer, não se fazem as represas para a pesca porque é novembro, mas sim, ao contrário, é novembro porque se estão a fazer as represas.

Os períodos mais longos de tempo são quase completamente estruturais. Os acontecimentos que relacionam são diferentes para os distintos grupos de pessoas. Assim, cada grupo possui o seu próprio sistema de assinalar o tempo, além do sistema coletivo que se refere a acontecimentos, de excepcional significado para todos eles. Por outro lado, os Nueres do sexo masculino estão estratificados por idades em divisões ou conjuntos, principiando cada novo conjunto aproximadamente de dez em dez anos. Não vou entrar em pormenores sobre esta organização, mas apenas dizer que muitas vezes se assinala, por referência a estes grupos, o momento em que sucederam determinados acontecimentos. Os intervalos entre os acontecimentos não se contam, então, em função do conceito de tempo tal qual nós o entendemos, mas em função da distância estrutural, da diferença social entre pessoas. Os Nueres estimam também o decorrer da história em função das suas genealogias de descendência. Numa situação determinada, procurar-se-á a origem genealógica de maneira mais ou menos profunda de acordo com a dimensão do grupo de linhagem de que se trate. Aqui, portanto, o tempo é um reflexo das unidades da estrutura social. Os acontecimentos têm uma situação dentro dessa estrutura, mas não têm uma posição exata no tempo histórico, do modo como nós o entendemos. Pode dizer-se que, em geral, o tempo entre os Nueres é uma conceptualização da estrutura social, e que os pontos de referência no sistema que o mede são projeções no passado de relações reais entre grupos de pessoas. Enfim, o tempo coordena mais relações do que acontecimentos.

Nesta curta exposição haverá seguramente muitos pontos obscuros. Isso não tem importância, já que não pretendo demonstrar a exatidão do meu raciocínio, mas ensinar o método que se seguiu. Ter-se-ão apercebido de que também neste caso o método se reduz a tornar inteligível uma parte da vida social, mostrando como ela se integra em todas as outras. Este objetivo só se pode conseguir mediante abstrações, que em seguida se relacionam logicamente entre si.

Mencionei na minha primeira conferência que, no passado, a Antropologia Social limitava geralmente a sua atenção às comunidades primitivas. Houve, contudo, exceções. Por nossa parte não a consideramos como o estudo das sociedades primitivas, mas como a investigação de todas as sociedades humanas. Para vos mostrar que também estudamos sociedades civilizadas, e como último exemplo de monografias de trabalhos de campo, falarei dum livro sobre os camponeses do Sul da Irlanda. Trata-se de *The Irish Countryman*, do professor Arensberg (1937). Este livro é um exemplo excelente de análise estrutural, em que o autor assinala de forma simples e concisa as conclusões a que chegou depois de uma investigação realizada em County Clare juntamente com o professor Kimball.

A parte sul da Irlanda é uma zona de pequenas quintas. A maior parte das famílias vive em quinze ou trinta acres de terra, à custa do que o solo produz, vendendo o excedente para comprar produtos como farinha e chá. Nas quintas trabalham as famílias, que às vezes recebem ajuda dos parentes. A rede de vínculos de parentesco que une os membros de uma aldeia e das aldeias vizinhas desempenha um papel muito importante na organização da vida rural irlandesa. O autor discute este e muitos outros tópicos; eu, pelo meu lado, referir-me-ei brevemente a dois deles: o casamento e as relações entre os habitantes do campo e os habitantes da cidade.

O autor diz-nos que «o casamento é um ponto fulcral à volta do qual gira a vida rural. É um centro estrutural» ([53]). Os agricultores menos importantes são os que possuem as maiores famílias, e o casamento tem lugar, para ambos os sexos, numa idade mais tardia do que em qualquer outro sítio com registos conhecidos. Como as quintas são pequenas, uma família só pode casar bem um filho e uma filha. Ao casar-se o filho que há de herdar a quinta, a sua noiva traz consigo um dote, que ronda as 250 ou 350 libras, o que é aproximadamente equivalente ao valor da quinta e constitui um índice do estatuto social da família. Parte do dote vai para o marido e para os pais deste, que depois do casamento do filho se retiram da administração da quinta, e outra parte destina-se a auxiliar os outros filhos, que, dado que a propriedade não é dividida entre os descendentes, têm de emigrar para as cidades a fim de ganharem a vida nos negócios, com uma profissão, na igreja, ou sair para o estrangeiro. Deste modo se pode manter a continuidade da família numa quinta, mediante a íntima associação entre sangue e património, mas só à custa dos outros filhos, geralmente os mais novos. O autor mostra assim que o casamento, a herança, os controlos sociais, a migração para as cidades e a emigração para o estrangeiro são elementos do sistema social baseado nas pequenas quintas.

O sistema social das quintas tem a sua contrapartida nas cidades que constituem mercados locais, o que explica, como se verá, o desaparecimento gradual das famílias da cidade. Os filhos mais novos dos agricultores, pelas causas que já se referiram, vão para as cidades como aprendizes e as suas filhas como esposas. Os comerciantes vivem dos seus conhecidos do campo, que apenas favorecem os da sua linhagem. Portanto, um lojista ou o dono de uma cervejaria tendem a casar os filhos herdeiros com uma rapariga do campo, que trará consigo, não só o seu dote, como ainda a gente do seu lugar como clientes da loja ou da cervejaria. Cidade e campo, ou seja, a unidade distributiva e a unidade produtiva, estão não só ligadas economicamente, mas também por vínculos de parentesco. Contudo, a vida urbana afeta as perspetivas dos homens, que, a pouco e pouco, deixam de estar dispostos a fazer concessões aos camponeses. Perdem

([53]) P. 93.

os costumes e os interesses rurais e este fenómeno é ainda mais notório naqueles que nasceram nas cidades, a segunda geração de imigrantes. As famílias dos lojistas e dos cervejeiros procuram uma profissão ou deslocam-se para cidades maiores. Tornam-se parte de um meio em que o campo não tem lugar. O posto que deixam atrás de si na cidade provinciana é ocupado por sangue novo, que, graças às suas conexões com o campo, estabelece por sua vez novos laços de parentesco. Verifica-se assim como no sistema social geral do campo irlandês estão ligados o sistema económico, mediante o intercâmbio dos artigos da quinta por artigos comerciais, e o sistema de parentesco, através dos casamentos entre o campo e a cidade.

Uma das formas por que se mantêm as conexões entre os habitantes da cidade e os seus primos do campo é a da dívida. O homem do campo está sempre em dívida para com o seu parente lojista e esta dívida crónica é uma parte da sua relação social. A falar verdade, quando um camponês se zanga com o lojista, costuma saldar a sua conta para deixar de ser cliente e cortar assim a relação entre ambos. Este compromisso, tal como o dote, é um índice de estatuto; é um signo da capacidade e do desejo de manter a rede de obrigações sociais que dão ao indivíduo e à sua família um lugar dentro da vida social. A dívida passa de geração em geração, de pai para filho. É o laço entre a família e a linhagem do camponês e a família e a linhagem do lojista pelo qual se expressa a confiança mútua e as obrigações sociais recíprocas. A dívida aparece assim, sob uma nova perspetiva, como um dos mecanismos que contribuem para a manutenção de um sistema social. Para entender o seu sentido, não a podemos considerar apenas do ponto de vista económico, mas em relação com o parentesco e outros aspetos da estrutura social total. O juízo moral que se possa formular a seu respeito tem de fazer-se, pois, à luz deste entendimento mais amplo.

Espero que estes poucos exemplos, que são os que pude dar em tão pouco tempo, tenham contribuído para vos tornar compreensíveis o género e a diversidade de problemas que hoje em dia o antropólogo social tem de encarar. Mais uma vez poderão comprovar que não se trata de investigar temas estranhos ou românticos, mas problemas reais de Sociologia. Além disso, e como terei oportunidade de sublinhar na minha próxima e última conferência, essas questões não são meramente importantes dentro do seu particular quadro étnico e geográfico, antes constituem problemas de interesse geral. Na nossa própria sociedade e até mesmo para nós é importante saber que os habitantes das Trobriand dedicam o máximo das suas energias a alcançar fins honoríficos e não utilitários; que embora os naturais da Samoa não se distingam especialmente entre si pela diversidade das suas ambições ou pela grande variedade de carateres que essas ambições originam, possuem segurança pessoal e a felicidade que a acompanha; que embora a ciência moderna rejeite as suposições em que os Azande basearam o seu sistema de crenças, o sistema tem uma validade filosófica e moral; que para entender os conceitos dos Nueres sobre o tempo há que compreender primeiro a sua estrutura social; e que no Sul da Irlanda as dívidas servem para manter relações harmoniosas entre campo e cidade.

Estas e muitas outras conclusões frutuosas, se bem que não confirmadas, têm obviamente um importante significado, não só para a compreensão das sociedades de cujo estudo emergiram, mas também para a compreensão de qualquer sociedade, incluindo a nossa.

VI

Antropologia Aplicada

Nas minhas primeiras conferências tentei dar-lhes uma ideia geral da Antropologia Social do ponto de vista do ensino universitário, do seu desenvolvimento como um ramo especial do conhecimento, dos problemas que investiga e das características desse labor. Nesta última lição tratarei de uma pergunta que muitos antropólogos devem ter escutado de tempos a tempos. Para que serve estudar Antropologia Social?

Esta pergunta pode ser interpretada de várias maneiras. Pode ser interpretada como o desejo de saber o que leva um homem a tomar a Antropologia Social como profissão. Provavelmente, cada antropólogo daria aqui uma resposta diferente. Para muitos de nós, e inclusive para mim, a resposta poderia ser: «Não sei exatamente», ou, nas palavras de um colega americano, «Suponho que gosto de viajar».

Contudo, a pergunta tem geralmente o sentido de: Que utilidade tem o conhecimento dos povos primitivos? Uma resposta a esta questão formulada deste modo tem de ser dividida num debate sobre a sua utilidade para as próprias sociedades primitivas e para aqueles que são responsáveis pelo seu bem-estar e numa discussão da sua utilidade e valor para os homens que as estudam, ou seja, para nós próprios.

Como os antropólogos sociais se ocupam principalmente das sociedades primitivas, é evidente que a informação que recolhem e as conclusões a que chegam terão alguma relação com os problemas da administração e educação dessas comunidades. Compreende-se assim facilmente que se um governo colonial quer administrar uma comunidade através dos seus chefes, tem de saber quem são, quais são as suas funções, autoridade, privilégios e obrigações. Além disso, para governar segundo as leis e costumes que lhes são próprios, é óbvio que primeiro há que descobri-los. Se se quiser mudar a economia de uma sociedade, alterando, por exemplo, o seu sistema de posse da terra, induzindo-a a plantar produtos de exportação, ou então instituindo mercados e uma economia monetária, seria altamente conveniente poder calcular, pelo menos aproximadamente, os prováveis efeitos sociais dessas medidas. A modificação do sistema de posse das terras pode ter repercussões sobre a vida familiar e o parentesco, como também sobre a religião, porque os vínculos de família e parentesco e as crenças e os ritos religiosos podem estar intimamente relacionados com o sistema tradicional de propriedade da terra. Também é evidente que se um missionário deseja converter os povos nativos à Cristandade, deve ter alguns conhecimentos sobre as suas crenças e práticas religiosas. De outro modo, é impossível avançar com o ensino apostólico, já que este deve realizar-se na língua nativa, isto é, através dos conceitos religiosos dos nativos.

A importância da Antropologia Social para a Administração Colonial foi reconhecida de modo geral desde os princípios do século, quer pelo Ministério das Colónias, quer pelos governos coloniais, que demonstraram um interesse crescente no ensino e na investigação antropológicos. Desde há muito tempo que os aspirantes do quadro do exército colonial, antes de irem ocupar os seus postos, recebem, juntamente com outros cursos, aulas de Antropologia Social em Oxford, Cambridge e, mais recentemente, em Londres. A partir da última guerra, começou-se a enviar à metrópole alguns funcionários coloniais para que assistissem a cursos de aperfeiçoamento e revisão nessas três universidades e muitos deles escolheram a Antropologia Social como tema especial de estudo, entre as matérias optativas. Não é raro, além disso, que funcionários administrativos prestem provas para o Tripos de Antropologia em Cambridge e ocasionalmente para o diploma ou o grau de pós-graduação em Antropologia na universidade de Oxford. Muitos deles, que pertencem ao Real Instituto de Antropologia, mantêm através desta instituição um contacto seguro com os desenvolvimentos mais recentes desta disciplina.

Os governos coloniais estão de acordo em que é muito útil que os seus funcionários possuam um conhecimento elementar e geral de Antropologia. Contudo, esse conhecimento não é suficiente para os capacitar para a investigação, ainda que tivessem (e não o têm) tempo e oportunidade para a realizar. Mas os governos, por seu lado, têm apoiado ocasionalmente os funcionários ao seu serviço, ajudando-os a adquirir uma formação avançada em Antropologia e secundando os que mostraram aptidão para levar a cabo investigações e estudos nos seus territórios. Alguns estudos importantes foram realizados desta maneira, sendo os mais destacados aqueles que se encontram incorporados na série de volumes publicada por Rattray sobre os Axantis da Costa do Ouro. Também são excelentes os estudos realizados do mesmo modo pelo dr. Meek, na Nigéria, e por F. E. Williams e E. W. Pearson Chinnery, na Nova Guiné. Tem, no entanto, de se sublinhar que mesmo os melhores trabalhos destes funcionários antropólogos não chegam a satisfazer totalmente o profissional. E também parece que não são satisfatórios do ponto de vista administrativo, já que, salvo no Tanganica, este processo de realizar a investigação foi, segundo creio, geralmente abandonado.

Pelo contrário, o Sudão anglo-egípcio, bastante judiciosamente na minha opinião, preferiu sempre financiar expedições de antropólogos profissionais ou contratá-los por determinado espaço de tempo para realizarem certas investigações. Assim, efetuaram sucessivamente estudos neste país, desde 1909 até agora, o professor e a senhora Seligman, eu próprio, o dr. Nadel e o senhor Lienhardt. Esta solução é vantajosa para o antropólogo, porque adquire uma experiência que lhe permitirá ir ocupar, logo a seguir, um lugar na Universidade, e para o governo, porque recebe os benefícios do trabalho de um homem perfeitamente preparado, que conhece os mais modernos avanços sobre o tema.

A partir da última guerra, o Ministério das Colónias demonstrou um interesse cada vez maior pela Antropologia Social. Organizou e financiou investigações antropológicas num grande número de territórios coloniais. Mas nem os resultados obtidos, nem o modo como as investigações foram conduzidas me parecem totalmente satisfatórios. Estou completamente de acordo com os que sustentam que a melhor forma de efetuar uma investigação é através dos departamentos universitários. Neste caso, são eles os responsáveis pela seleção e preparação dos estudantes, pela supervisão do trabalho e pela redação e publicação dos resultados. A política atual do Ministério das Colónias é organizar os estudos através dos institutos locais de investigação. Um deles, o Instituto Rhodes-Livingstone da Rodésia do Norte, tem estado a operar desde 1938 e recentemente fundaram-se mais três novos institutos para a investigação social: um em Makerere, no Uganda, um segundo em Ibadan, na Nigéria, e o terceiro em Kingston, na Jamaica. Pessoalmente não creio que possam substituir os departamentos universitários na direção das investigações, mas penso que podem desempenhar um papel muito importante como centros locais de trabalho para os estudantes universitários, isto é, ter um papel análogo ao dos Institutos Britânicos em Roma, Atenas e Ancara.

Este ponto de vista já foi defendido noutros lugares. Outro acontecimento extremamente importante para os antropólogos foi a criação de bolsas de estudo para a investigação de línguas e culturas do Extremo Oriente, Próximo Oriente, Europa Oriental e África. Durante a última guerra pôde-se comprovar que existe um lamentável estado de ignorância a respeito destas partes do mundo e uma comissão real, presidida pelo conde de Scarbrough, chegou à conclusão de que esta situação só se podia modificar criando uma tradição de estudos sobre as línguas e culturas dessas regiões. O admirável plano proposto inclui o fortalecimento dos departamentos universitários existentes e a criação de outros novos; a atribuição de bolsas de investigação nas universidades aos indivíduos que eventualmente ensinassem nelas; e a fundação de institutos que servissem de centros locais de investigação naquelas partes do mundo em que se levassem a cabo os estudos. Deste modo, não só se asseguraria a realização dos trabalhos, como também se estabeleceria e manteria uma tradição académica nesta matéria e uma continuidade nos estudos.

Graças a estas bolsas de estudo, os antropólogos sociais puderam realizar investigações em várias partes do mundo que de outro modo estariam fora do seu alcance. Os estudos antropológicos em lugares distantes são muito caros e a ajuda generosa das diferentes instituições – tais como Emslie Horniman Anthropological Scholarship Fund, Goldsmiths Company's Postgraduate Travelling Scholarship, Leverhulme Grants Committee e Viking Fund – apenas consegue cobrir uma pequena parte da investigação urgente.

Neste país, as organizações missionárias não parecem sensibilizadas para a necessidade de dar a quem trabalha nas missões entre povos primitivos alguns conhecimentos antropológicos. Isto deve-se em parte à pobreza das missões, que não podem permitir-se o luxo de enviar os seus voluntários às universidades onde se ensina Antropologia. Outra das razões, na minha opinião, é a desconfiança com que se considera a Antropologia nesses círculos. Tal prevenção não é de todo infundada, pois esta disciplina tem andado sempre unida ao livre-pensamento e, além disso, tem sido considerada, com certa razão, como anti-religiosa na sua tónica e até mesmo nas suas finalidades. Os missionários creem, com bastante lógica, que, como diz Gabriel Sagard na sua introdução ao livro sobre os índios hurões (1632), «a perfeição dos homens não consiste em ver muito, nem em saber muito, mas sim em realizar a vontade e os desejos de Deus». Contudo, muitos missionários, a título individual, ganharam um interesse bastante profundo pela Antropologia, compreendendo a importância que tem para o seu trabalho. Temos um exemplo desta atitude no caso do pastor Junod da missão romance suíça, autor de uma das melhores monografias antropológicas até hoje escritas. Diz-nos Junod que, ao recolher a informação contida no seu livro, tinha um objetivo em parte científico e em parte prático, já que pretendia que ele fosse uma ajuda para os funcionários administrativos e para os missionários, além de constituir um meio para esclarecer a opinião pública sul-africana sobre os nativos. «Trabalhar para a Ciência é nobre, mas ajudar os nossos semelhantes é ainda mais nobre» ([54]). Outro missionário, o dr. Edwin Smith, é o coautor de uma excelente obra sobre o povo Ba-ila do Norte da Rodésia e foi recentemente presidente do Real Instituto de Antropologia.

Vemos, pois, que no passado foram geralmente os funcionários administrativos e os missionários que comprovaram que podiam cumprir as suas funções de uma maneira mais adequada e agradável se possuíssem alguns conhecimentos de Antropologia. Atualmente, com a mudança que a situação sofreu, os especialistas adquiriram uma importância crescente no nosso Império colonial; na sua maioria, médicos, encarregados de departamentos agrícolas, encarrega-

([54]) *The Life of a South African Tribe*, p. 19, 1913.

dos das florestas, veterinários, engenheiros, etc., assim como comerciantes e representantes de empresas mineiras e de outros interesses comerciais, têm de levar a cabo as suas diferentes agendas no seio das populações nativas, cuja forma de vida e ideias desconhecem totalmente na maior parte dos casos.

Perguntar-se-á que utilidade pode ter para os europeus nas suas relações com os nativos o conhecimento da Antropologia. Durante bastante tempo muitos antropólogos falaram de Antropologia aplicada, da mesma forma que se fala de medicina ou engenharia aplicadas. Consideram que a Antropologia Social é uma ciência aplicada. Já vimos que os que mantêm este ponto de vista sustentam que a Antropologia Social é uma ciência natural que tem como objetivo estabelecer as leis da vida social. Ora, a partir do momento em que se possam desenvolver generalizações teóricas, torna-se possível falar de ciência aplicada. Também vimos que este elemento normativo na Antropologia é, tal como os conceitos de lei natural e progresso de que deriva, parte da sua herança filosófica. Os filósofos morais do século XVIII, os etnólogos do século XIX e a maioria dos antropólogos sociais dos nossos dias tomaram como modelo as ciências naturais, de forma implícita ou explícita, e assumem então que a Antropologia tem por objeto controlar as mudanças sociais mediante a previsão e o planeamento. Esta opinião encontra-se perfeitamente resumida na expressão «engenharia social».

Não pode, portanto, surpreender que desde os seus começos a Antropologia Social teórica se tenha envolvido fortemente com o socialismo, especialmente em França, onde tanto Saint-Simon como Comte trataram de criar religiões positivistas. Na minha opinião, este é inegavelmente o impulso condutor que se encontra por detrás das obras de Durkheim e dos seus colegas. O seu ponto de vista geral encontra-se perfeitamente expresso por um deles, Lévy-Bruhl, numa excelente e curta exposição, *La Morale et la Science des Mœurs* (1903). Os sistemas éticos não têm, para ele, efeitos sobre a conduta. Não os podem ter porque eles são meras racionalizações de costumes, isto é, considera-se certo aquilo que se fez. Se um povo, por exemplo, mata todos os gémeos ao nascimento, a prática é moral para o povo. As leis morais são simplesmente as regras que determinam a conduta real numa sociedade e, portanto, variam com as mudanças na estrutura social. Moral é o que é normal para um determinado tipo de sociedade numa determinada fase da sua evolução. A tarefa da razão é, por conseguinte, moldar o comportamento por uma arte prática da ética derivada de um estudo científico da vida social. Esta é a opinião de quase todos os autores que escreveram sobre as instituições sociais nesse período. Era totalmente lógico esperar que essa opinião fosse partilhada por muitos antropólogos sociais.

Tais antropólogos sublinharam frequentemente as aplicações práticas das suas descobertas, insistindo em Inglaterra na sua utilidade para os problemas coloniais e, nos Estados Unidos, para os problemas industriais e políticos. É verdade que os seus mais prudentes defensores sustentaram que só poderia haver uma Antropologia aplicada quando a ciência do homem estivesse muito mais avançada do que nos dias de hoje. Contudo, uma autoridade tão eminente e cautelosa neste tema como o professor Radcliffe-Brown escreveu: «Com um avanço mais rápido da ciência pura e com a cooperação das administrações coloniais poderíamos inclusive prever a possibilidade da existência de uma época em que o governo e a educação das populações nativas, nas várias partes do mundo, estivessem mais próximos de ser uma arte baseada na aplicação das leis descobertas pela ciência antropológica» ([55]). Outros escritores, menos prudentes e de tendências mais populares, reclamaram, especialmente nos Estados Unidos, a aplicação imediata dos conhecimentos antropológicos ao planeamento social.

Se se aceitar este ponto de vista, que se pode entender como a perspetiva da ciência natural, é perfeitamente lógico sustentar, dado que as leis sociológicas são aplicáveis a qualquer sociedade, que a sua principal utilização reside mais no planeamento da nossa própria sociedade do que no controle do desenvolvimento das sociedades primitivas, que podem considerar-se como exemplos de laboratório para a investigação sociológica. Com efeito, não é só em África que existem problemas de governo, de propriedade, de migração de trabalhadores, de divórcio, e assim por diante. O que descobrirmos, por exemplo, sobre a desintegração da vida familiar entre os povos

([55]) A. R. Radcliffe-Brown, «Applied Anthropology», *Report of Australian and New Zealand Association for the Advancement of Science*, Section F, p. 3, 1930.

dos nossos territórios coloniais pode ser aplicado, se se conseguir deduzir uma fórmula geral a partir desse conhecimento, à crise da vida familiar em Inglaterra e nos Estados Unidos. «A dívida que temos para com a sociedade que nos mantém – diz-nos o antropólogo americano professor Herskovits – deve pagar-se a longo prazo por meio das contribuições fundamentais que façamos, tendentes a uma maior compreensão da natureza e processos da cultura e, através destes, para a solução de alguns dos nossos problemas básicos» ([56]). Como disse Kipling num contexto muito diferente, o que aprendemos com os amarelos e negros ajudar-nos-á muito com o branco.

Espero ter deixado claro e abundantemente provado nestas conferências que eu não acredito que possa vir a existir uma ciência da sociedade semelhante às Ciências Naturais. Não me parece, porém, necessário voltar a esta questão, porque não creio que nenhum antropólogo possa sustentar seriamente que, até ao momento atual, se tenha descoberto alguma lei sociológica. E se não se conhece nenhuma lei, é evidente que não se pode aplicá-la.

Isto não significa que a Antropologia Social, ainda que considerada em sentido limitado e numa perspetiva técnica, não tenha qualquer tipo de aplicação, mas apenas que não pode ser uma ciência aplicada análoga à Medicina e à Engenharia. Contudo, ela é um conjunto sistemático de conhecimentos sobre as sociedades primitivas e, com todos os conhecimentos desta espécie, pode ser de utilidade para os assuntos práticos dentro de certos limites e usando o senso comum. Na administração e educação dos povos atrasados é necessário tomar decisões e os responsáveis terão mais possibilidades de atuar corretamente se conhecerem os factos. Desta forma têm também menos oportunidades de cometer erros graves. Foram precisas duas guerras contra os Axantis da Costa do Ouro para que o governo colonial descobrisse que o Escabelo de Ouro, cuja entrega reclamava, continha, segundo as suas crenças, a alma de todo o povo e que portanto não podia ser entregue em caso algum. É evidente, pois, que o conhecimento antropológico teve e pode ter este tipo de benefício para a administração colonial, o que foi sublinhado várias

([56]) Melville J. Herskovits, «Applied Anthropology and the American Anthropologist», *Science*, 6 de março de 1936, p. 7.

vezes por antropólogos e funcionários. A ideia está perfeitamente resumida nas palavras do professor W. H. Flower escritas em 1884: «É absolutamente necessário que o estadista que deseja governar com êxito não contemple a natureza humana de um ponto de vista abstrato, tratando de aplicar regras universais, mas antes que considere as aptidões, necessidades e aspirações morais, intelectuais e sociais específicas de cada raça com que tem de se relacionar» ([57]).

Ainda que pareça óbvio, creio que vale a pena destacar que estas «aptidões, necessidades e aspirações morais, intelectuais e sociais específicas» têm de ser descobertas. A experiência tem demonstrado que os antropólogos o fazem com mais rapidez e exatidão do que outras pessoas, porque sabem o que devem procurar e a maneira de encontrá-lo. O tempo de que dispomos só nos permite dar um exemplo que ilustra a utilidade da investigação especializada para as administrações coloniais e para as missões. Entre muitos povos africanos, uma das maneiras de celebrar o casamento é por meio de entregas de gado por parte da família e parentes do noivo à família e parentes da noiva. Durante bastante tempo teve-se a ideia de que este dote era uma compra e que as raparigas eram transacionadas por gado. Assim, com base nesta conceção, a transação foi condenada pelos missionários e proibida pelos governos. Só quando se demonstrou pela investigação antropológica que a transferência de gado é tanto a compra de uma esposa quanto o pagamento de um dote na Europa Ocidental é a compra de um esposo e, por outro lado, que a condenação e abolição desse costume não só debilitava os vínculos do matrimónio e da família, como tendia, além disso, a provocar a degradação das mulheres, que era o que se tentava evitar pela supressão do costume tradicional, se começou a considerar essa prática de outro ponto de vista. É nesta espécie de temas que os profanos devem recorrer à Antropologia em busca de uma orientação, e isto porque a natureza e as funções do dote só podem ser descobertas por meio da investigação antropológica.

Além de se encontrarem numa situação mais favorável do que as outras pessoas para descobrir os factos, os antropólogos têm às

([57]) W. H. Flower, Presidential Address, *Journal of the Anthropological Institute*, p. 493, 1884.

vezes mais possibilidades de calcular corretamente os efeitos de determinada medida administrativa, pois a sua preparação acostuma-os a esperar repercussões nos pontos onde os leigos as não imaginam. Portanto, pode-se-lhes pedir assistência aos governos coloniais, não só para lhes mostrar os factos reais, a fim de que se melhore a política na base desse novo conhecimento, mas também para lhes ensinar as consequências que pode vir a ter uma determinada orientação governamental. Contudo, não é uma tarefa específica do antropólogo sugerir a política a adotar. Graças à sua faculdade de descobrir os factos, o antropólogo pode influir sobre os meios que se empregam para alcançar determinados fins políticos e sobre as perspetivas dos responsáveis pela sua definição, mas os conhecimentos sobre as sociedades primitivas, que recolhem e publicam, não podem determinar o tipo de política que deve ser prosseguido.

A política encontra-se determinada por outras considerações que superam as descobertas dos investigadores. Não se necessita de um antropólogo para assinalar que os habitantes das ilhas Bikini teriam sido, sem dúvida, mais felizes se os seus lares não tivessem sido convertidos em campos de ensaio para as bombas atómicas. Também seria inútil que os antropólogos explicassem aos governos, como certamente o fizeram, que, se se proíbe caçar cabeças a certas comunidades das ilhas do Pacífico, as populações em questão podem degenerar e extinguir-se. Os governos responderiam que a caça de cabeças deve suprimir-se, sem olhar às consequências, porque é em si mesma repugnante para a justiça natural, a equidade e o bom governo. Parece-me que este é um bom exemplo do que queremos sublinhar, porque ele ilustra que os fins são determinados pelos valores que são axiomáticos e que não derivam de um conhecimento factual das circunstâncias. Se os que controlam a política acreditam na prosperidade material, no alfabetismo, nas instituições democráticas, ou o que quer que seja, eles entendem que têm de proporcionar obrigatoriamente essas mesmas vantagens aos povos do seu império colonial. Estejam a proceder bem ou mal, isso é uma questão da esfera da filosofia moral, que está fora da competência da Antropologia Social.

Para não comprometer as suas bolsas de estudo, os antropólogos evitam as questões de política e creio que é meu dever acrescentar que a situação de dependência em que se encontram relativamente aos governos, inclusivamente para descobrir os factos, pelo apoio que estes podem dar-lhes, constitui um sério elemento de perigo para a Antropologia. É também um fator que pode provocar diferenças entre os pontos de vista do estudioso e dos governos acerca do que deve ser uma investigação antropológica. Um antropólogo pode estar especialmente interessado, suponhamos, em alguns problemas de religião primitiva e, por isso mesmo, deseja dedicar uma grande parte do seu tempo a essa questão. Pelo contrário, como os governos em geral não se preocupam com esses temas, prefeririam que se ocupasse fundamentalmente dos problemas de migração de trabalhadores. Também pode suceder que a administração deseje que se investigue exclusivamente o sistema de posse da terra de um povo determinado, enquanto o antropólogo, por seu lado, considera que não se pode compreender tal sistema sem primeiro estudar a sua vida social total. Como é perfeitamente lógico imaginar, o antropólogo interessa-se pelos problemas da sua disciplina, tenham ou não importância prática. Naturalmente, o governo colonial interessa-se pelos problemas práticos, tenham ou não importância teórica. Estas posições antagónicas têm causado muitos problemas. Na minha opinião, a solução reside em os governos coloniais criarem lugares de antropólogos no seu aparelho administrativo, tal como têm postos de educadores, geólogos, botânicos, parasitólogos e outros especialistas. Desta forma, alguns antropólogos seguiriam a carreira académica e outros o serviço administrativo.

Eu próprio realizei bastantes trabalhos de investigação para o governo do Sudão anglo-egípcio. Como creio que o governo partilha a minha opinião sobre o que deve ser a Antropologia Social, uma exposição do seu critério destacará a importância que essa disciplina tem para a administração. Como já mencionei, o governo do Sudão tem apoiado, desde há algum tempo, a investigação antropológica, permitindo aos antropólogos estudar à vontade o que desejem, no lugar e da forma que prefiram. Quer dizer, o governo escolhe a pessoa, deixando-lhe depois a ela a liberdade de estabelecer o seu plano de trabalho. Penso que essa atitude é muito inteligente, pois desta forma nunca pôde albergar a falsa esperança de que o antropólogo descobrisse algo de grande importância prática. Entende, noutra perspetiva, que o governo deve encorajar os estudos e acredita – e este é o ponto que quero sublinhar – que o conhecimento das línguas, da cultura e da vida social dos povos do Sudão tem um imenso valor para os funcionários administrativos e outras pessoas, independentemente do facto de permitirem ou não resolver algum problema prático imediato.

Creio que se pode encarar o assunto desta maneira: se um indivíduo tem de ir ocupar um cargo diplomático ou comercial em França, a vida será muito mais agradável – para não falar já da opinião que os franceses dele formarão – e ele tornar-se-á um diplomata ou um homem de negócios muito mais eficaz se aprender o francês e estudar bem a vida social francesa e o funcionamento das suas instituições. Passa-se o mesmo com o homem que vive no meio de um povo primitivo. Se souber o que diz e o que faz, as suas ideias e valores, não só terá uma compreensão mais profunda do povo, mas também o poderá administrar de forma mais justa e eficaz.

Um viajante do século XVIII, De la Crequinière, que já citei numa conferência anterior, expressa sucintamente este mesmo ponto de vista. Baseando-se na experiência recolhida entre os índios orientais, depois de aconselhar os viajantes a ter a sua mente aberta, mas a manter-se firmes nas suas crenças, a tolerar e a tentar compreender costumes estranhos e a comportar-se corretamente em terras estrangeiras, a evitar enamorar-se, porque isso distrai, a evitar o jogo e os trapaceiros e a estudar história, línguas e geografia, conclui: «Quem souber como se deve viajar terá grandes vantagens: melhorará a sua mente com as suas observações, governará o seu coração com as suas reflexões e refinará o seu conhecimento conversando com pessoas honradas de muitos países; depois disto, estará muito mais bem preparado para viver gentilmente, pois saberá como adaptar-se aos costumes de diferentes pessoas e, consequentemente, aos diferentes estados de ânimo de quem deva visitar. Desta forma, nunca fará nada a outro que saiba estar contra as suas inclinações, o que é quase o único segredo do que agora chamamos a Arte de Viver» ([58]).

([58]) *Customs of the East Indians*, p. 159, 1705 (traduzido de *Conformité des Coutumes des Indiens Orientaux*, pp. 251-252, 1704).

Não creio que possa aplicar-se o conhecimento antropológico às artes administrativas e da educação entre os povos primitivos, a não ser num sentido cultural muito geral: na influência que exerce sobre a modelação da atitude do europeu em relação aos povos primitivos. A compreensão do modo de vida de um povo suscita em regra simpatia a seu respeito e às vezes uma profunda dedicação pelos seus interesses e necessidades. Deste modo se beneficia o nativo e o europeu.

Mencionarei brevemente outra possível aplicação da Antropologia Social nos povos cuja vida investiga e descreve. Se algum antropólogo romano nos tivesse deixado uma descrição exata e pormenorizada da vida social dos nossos antepassados celtas e anglo-saxões, os nossos conhecimentos teriam sido mais completos e estaríamos profundamente agradecidos a esse estudioso. No futuro, os povos nativos de todo o mundo poderão alegrar-se por possuírem uma informação tão correta acerca dos seus antepassados, escrita por estudiosos imparciais, que apenas pretendem realizar um estudo tão completo e verdadeiro quanto possível.

A Antropologia Social em algumas ocasiões pode resolver problemas de administração. Contribui para uma compreensão mais profunda dos outros povos, e também fornece material valioso para o historiador do futuro. Contudo, pessoalmente não atribuo tanta importância aos serviços que proporciona ou pode proporcionar nestes aspetos como à disposição geral ou hábitos mentais que forma em nós próprios, devido ao que nos ensina sobre a natureza da vida social. Acostuma-nos a considerar qualquer atividade de uma sociedade no contexto de toda a vida social de que faz parte e também a ver sempre o particular à luz do mais geral.

O antropólogo social tenta revelar as formas ou padrões estruturais que existem por detrás da complexidade e aparente confusão das realidades da sociedade que estuda. E chega a este objetivo procurando fazer abstrações a partir do comportamento social e relacionando-as entre si de tal modo que a vida social possa ser apercebida como um conjunto de partes inter-relacionadas, como um todo. Isto só se pode conseguir, como é óbvio, pela análise; mas a análise não é um fim – neste caso, decompor a vida social em elementos isolados –, é um meio para revelar a sua unidade essencial pela posterior integração das abstrações por si realizadas. Foi por isso que sublinhei que, para mim, sem excluir outras considerações, a Antropologia Social é uma arte.

O antropólogo social, comparando as diferentes sociedades, trata de revelar as características comuns das instituições, assim tomo as particularidades observadas em cada sociedade. Quer dizer, procura mostrar como algumas características de uma instituição ou conjunto de ideias são peculiares de determinada sociedade, como outras são comuns a todas as sociedades de certo tipo e, ainda, como outras se encontram em todas as sociedades humanas, são universais. As características que procura o antropólogo são de ordem funcional. Ou seja, também neste caso, ainda que a um nível mais elevado de abstração, tenta achar uma ordem dinâmica na vida social, padrões que sejam comuns a todas as sociedades do mesmo tipo e padrões que sejam universais. O método que utiliza é o mesmo, quer se trate de obter conclusões sobre uma, muitas ou todas as sociedades: por meio da análise chega a abstrações das realidades sociais complexas e depois relaciona estas abstrações umas com as outras de tal modo que as relações sociais totais se apresentem como uma estrutura e sejam assim percebidas pela mente em perspetiva e como um todo integrado em que aparecem destacadas as suas características essenciais. Um antropólogo deve ser julgado, por conseguinte, pelo êxito que tenha em alcançar este objetivo, e não pela utilidade imediata do que escreve.

Encarando os fins da Antropologia Social sob este ponto de vista, queria assinalar o significado que eles têm para nós como pessoas e a sua importância como uma pequena parte do conhecimento da nossa cultura. Como tenho esta conceção das suas finalidades, compreenderão agora porque é que sublinhei com ênfase nestas conferências que o estudo das sociedades primitivas tem um valor em si mesmo, para além do problema de saber se tem ou não tem uma aplicação prática ou científica. Tenho a certeza de que ninguém negará valor ao conhecimento sobre a antiga Atenas, a França medieval ou a Itália do Renascimento, só porque não tem muita aplicação prática para resolver os problemas da nossa própria sociedade no momento atual ou porque não nos pode ajudar na formulação de leis sociológicas. Não necessito, pois, de convencê-los de que o conhecimento que não tenha uma aplicação prática imediata ou não possa ser reduzido a uma fórmula científica não possa vir a ter uma grande importância, quer para os indivíduos na sua vida particular, quer para a sociedade como um todo.

Alguns, contudo, poderão estar a pensar – e às vezes ouve-se dizer – que é bastante interessante ler sobre a antiga Atenas, a França medieval e a Itália do Renascimento, mas a quem poderá interessar um bando de selvagens? Confesso que me custa compreender o ponto de vista destas pessoas que nos chamam barbarólogos. Esta posição não foi certamente adotada pelas mentalidades abertas à novidade a partir do momento em que começou a enraizar-se no pensamento europeu o conhecimento dos povos estranhos e, em particular, dos povos primitivos.

Já assinalei nas conferências anteriores que, a partir do século XVI, os homens cultos sentiram-se atraídos pelos relatos que os viajantes escreviam sobre os selvagens e interessados tanto pelas notáveis semelhanças de pensamento e comportamento como pelas amplas divergências de cultura que revelavam. Vimos também como os filósofos se entusiasmaram com esses relatos que descreviam as instituições primitivas. Imagino que estariam mais interessados nas instituições dos Caribenhos e Iroqueses do que nas da Inglaterra medieval.

A sua curiosidade é fácil de entender, pois as culturas primitivas têm bastante interesse para quem reflita sobre a natureza do homem e da sociedade. Aí nos encontramos com homens sem uma religião revelada, sem um idioma escrito, sem conhecimentos científicos desenvolvidos, frequentemente nus e com ferramentas e habitações rudimentares, como se fossem homens em bruto, e, contudo, vivendo na maior parte felizes, em comunidades da sua espécie. Nós próprios não nos poderíamos imaginar vivendo nessas condições e muito menos vivendo satisfeitos. Por isso nos perguntamos – e penso que devemos perguntar-nos – que é que lhes permite viver juntos em harmonia e enfrentar corajosamente os azares da vida, contando com tão poucos elementos para os ajudar na sua batalha contra a natureza e o destino. O mero facto de os selvagens não disporem de automóveis, não lerem jornais, não comprarem e venderem, e assim por diante, longe de os tornar menos interessantes, realça o seu atrativo, pois aqui o homem enfrenta o destino em todo o seu rigor e dor, sem que a civilização o suavize com analgésicos e consolos. Por isso, não é estranho que os filósofos tivessem pensado que tais homens deveriam viver num permanente estado de medo e de dor.

Se eles não vivem assim é porque a sua vida decorre dentro de uma ordem moral que lhes proporciona segurança e tem valores que lhes tornam a existência suportável. Examinando mais detidamente o problema, verifica-se que sob esta aparente simplicidade de vida se escondem estruturas sociais complexas e ricas culturas. Estamos tão habituados a considerar a cultura e instituições sociais em função da civilização material e da dimensão que as perdemos totalmente de vista no caso dos povos primitivos, a menos que as procuremos intencionalmente. Descobrimos então que todos os povos primitivos têm uma fé religiosa que se expressa em dogmas e ritos; que celebram o casamento com cerimónias específicas e outras práticas e que a vida familiar está centrada num lar; que têm sistemas de parentesco, a maior parte das vezes mais complicados e amplos do que qualquer dos existentes na nossa própria sociedade; que têm clubes e associações para fins determinados; que possuem regras de etiqueta, às vezes muito elaboradas, e regras de comportamento; que têm regulamentos, muitas vezes reforçados por tribunais, que constituem códigos de leis civis e criminais; que a sua língua é muitas vezes extremamente complexa, fonética e gramaticalmente, e que utiliza um vasto vocabulário; que possuem uma literatura poética vernácula, rica em simbolismo, e crónicas, mitos, contos populares e provérbios; que têm artes plásticas; que têm sistemas de agricultura que requerem um conhecimento considerável das estações, dos solos, das plantas e da vida animal; que são especialistas em pesca e caça e aventureiros em mar e terra; e que têm um grande acervo de conhecimentos – de magia, de feitiçaria, de oráculos e de adivinhação – que nós desconhecemos.

É um verdadeiro preconceito e uma moda considerar que estas sociedades e culturas não são tão dignas de ser conhecidas como outras; que um homem culto deve conhecer o Antigo Egito, Grécia e Roma, mas que não necessita de saber nada a respeito dos Maoris, dos Esquimós ou dos Bantos. Esta é seguramente a mesma mentalidade que, na época posterior ao Renascimento e à Reforma, ignorou durante tanto tempo a Idade Média e que, no plano geográfico, centrada no Mediterrâneo e na Europa do Norte, considerou sem importância a história, a literatura, a arte e a filosofia da Índia. Esta atitude etnocêntrica tem de ser abandonada se quisermos apreciar a rica variedade das culturas humanas e da vida social. As esculturas da África Ocidental não podem ser avaliadas pelos cânones da escultura grega. As línguas da Melanésia não devem ser tratadas como exceções às regras da gramática latina. As crenças e as práticas mágicas não se compreenderão jamais se forem encaradas segundo as regras da ciência ocidental. As hordas de aborígenes australianos não podem ser julgadas tomando Birminghan e Manchester como modelos. A seu modo, cada povo respondeu aos problemas que surgem da vida em comum dos homens e da aspiração a preservar os seus valores e transmiti-los aos seus filhos. E estas soluções são tão dignas da nossa atenção como as encontradas por qualquer outro povo. Uma sociedade primitiva pode ser pequena, mas será porventura um escaravelho ou uma borboleta menos interessante do que um boi?

Chegamos assim a um aspeto mais geral da Antropologia Social, que não se refere às sociedades primitivas como tal, mas à natureza da sociedade humana em geral. O que aprendemos sobre uma sociedade pode indicar-nos algo a respeito de outra e portanto a respeito de todas as sociedades, quer pertençam ao passado histórico, quer à nossa época.

Tomemos alguns exemplos históricos. Tem-se escrito muito acerca dos Beduínos pré-islâmicos da Arábia, mas, apesar de tudo, permanecem muitas questões sobre a sua estrutura social que são difíceis de resolver a partir das evidências históricas. Uma forma de aclarar estes problemas é estudar a estrutura social dos Beduínos árabes da atualidade, que em muitos aspetos levam a mesma vida que os de épocas antigas. Igualmente se tem escrito muito sobre o feudo nos primeiros períodos da história inglesa, mas também aqui podemos ser bastante ajudados na solução de vários problemas ligados a esta questão pelo estudo do funcionamento do feudo nas sociedades bárbaras dos nossos dias. Finalmente, é difícil compreender atualmente os julgamentos de bruxas que tiveram lugar, em Inglaterra, no século XVI. Pode-se aprender bastante a este respeito estudando a feitiçaria nas sociedades da África Central, onde as pessoas ainda acreditam nos bruxos e os responsabilizam pelos danos causados aos seus vizinhos. Naturalmente, quando se procura, para o estudo de fenómenos sociais numa sociedade, uma orientação interpretativa no estudo de fenómenos similares noutra sociedade, deve-se proceder com uma grande cautela. Contudo, por muito diferentes que sejam em alguns aspetos, sempre se assemelham noutros básicos.

O que acabo de dizer é bastante evidente. Em todas as sociedades, por mais simples que sejam, sempre se encontra alguma forma de vida familiar, um reconhecimento dos vínculos de parentesco, uma economia, um sistema político, estatutos sociais, culto religioso, modos de dirimir disputas e castigar crimes, diversões organizadas, etc., ao lado de uma cultura material e de um corpo de conhecimentos sobre a natureza, técnicas e tradições. Se quisermos entender as características comuns a qualquer tipo de instituição nas sociedades humanas em geral e compreender também as diferentes formas que adota e as diversas funções que cumpre em distintas sociedades, tanto nos podemos valer das sociedades mais simples como das mais complexas. O que descobrimos no estudo de uma sociedade primitiva acerca da natureza de uma das suas instituições torna para nós esta instituição mais inteligível em qualquer sociedade, incluindo a nossa. Se tentamos entender, por exemplo, o Islão, a cristandade ou o hinduísmo, é de grande ajuda saber que certas características religiosas são universais, pertencem a todas as religiões, inclusive às dos povos mais primitivos, que outras são específicas de certos tipos de religião e que outras ainda são exclusivamente típicas de uma religião determinada.

Fundamentalmente, se tivesse de defender a causa da Antropologia Social, fá-lo-ia desta maneira: diria que nos permite ver, dum certo ponto de vista, a humanidade como um todo. Quando nos habituamos ao modo como a Antropologia olha para as culturas e sociedades humanas, torna-se fácil passar do particular para o geral, e inversamente. Se falamos da família, não nos referimos apenas à família da Europa Ocidental contemporânea, mas a uma instituição universal de que a família europeia ocidental não é mais que uma forma especial com muitas particularidades distintivas. Quando nos referimos à religião, não pensamos só no cristianismo, mas no vasto número de cultos que se praticam e se praticaram anteriormente em todo o mundo. Só compreendendo outras culturas e sociedades é que se poderá observar a nossa própria cultura em perspetiva e chegar a entendê-la melhor contra o fundo da totalidade da experiência e esforço humanos. Como já assinalei na minha conferência anterior, a dr.ª Margaret Mead adquiriu na Samoa um certo tipo de compreensão acerca dos problemas americanos da adolescência. Malinowski clarificou o problema dos incentivos na indústria britânica estudando o intercâmbio de objetos rituais nas Trobriand e eu penso que aumentei os meus conhecimentos sobre a Rússia comunista ao estudar a feitiçaria entre os Azande. Resumindo tudo isto, creio que a Antropologia Social nos ajuda a compreender melhor, em qualquer lugar ou tempo, essa maravilhosa criatura que é o homem.

VII

Bibliografia selecionada

GERAL

BRYSON, Gladys, *Man and Society*, Princeton, 1945.
FIRTH, Raymond, *Human Types*, Londres, 1938.
FORDE, C. D., *Habitat, Economy and Society*, Londres, 1934.
HADDON, A. C., *History of Anthropology*, Londres, 1934.
HODGEN, M. T., *The Doctrine of Survivals*, Londres, 1936.
KROEBER, A. L., *Anthropology*, Nova Iorque, 1923 (nova ed. 1948).
LOWIE, R. H., *The History of Ethnological Theory*, Londres, 1937.
Notes and Queries in Anthropology, Londres, 1874.
PENNIMAN, T. K., *A Hundred Years of Anthropology*, Londres, 1935.
RADIN, Paul, *The Method and Theory of Ethnology*, Nova Iorque e Londres, 1933.

OBRAS TEÓRICAS

SÉCULO XVIII

DUNBAR, James, *Essays on the History of Mankind in Rule and Cultivated Ages*, Londres, 1780.
FERGUSON, Adam, *An Essay on the History of Civil Society*, Edimburgo, 1767.
HUME, David, *A Treatise of Human Nature*, Londres, 1739-1740.
KAMES, Lord, *Historical Law-Tracts*, Edimburgo, 1758.
MONBODDO, Lord, *Of the Origin and Progress of Language*, Edimburgo, 1773-1792.

MONTESQUIEU, Barão de, *De L'Ésprit des Lois*, Genebra, 1748. (Trad. inglesa *The Spirit of the Laws*, por T. Nugent, Nova Iorque, 1949).

SAINT-SIMON, Comte de, *Œuvres de Saint-Simon et d'Enfantin*, Paris, 1865.

SÉCULO XIX

BACHOFEN, J. J., *Das Mutterrecht*, Estugarda, 1861.

BASTIAN, Adolf, *Der Mensch in der Geschichte*, Leipzig, 1860.

COMTE, Auguste, *Cours de Philosophie Positive*, Paris, 1830.

COULANGES, Fustel de, *La Cité Antique*, Paris, 1864. (Trad. inglesa *The Ancient City*, por William Small, Boston e Nova Iorque, 1882).

DURKHEIM, Émile, *De la Division du Travail Social*, Paris, 1893. (Trad. inglesa *The Division of Labour in Society*, por George Simpson, Nova Iorque, 1933). *Les Règles de la Méthode Sociologique*, Paris, 1895. (Trad. inglesa *The Rules of Sociological Method*, por Sarah A. Solway e John H. Mueller, Glencoe, Illinois, 1938).

FRAZER, Sir James, *The Golden Bough*, Londres, 1890.

HUBERT, H. e Mauss, M., «Essai sur la Nature et la Fonction du Sacrifice», em *L'Année Sociologique*, T. II, Paris, 1897-1898.

MAINE, Sir Henry, *Ancient Law*, Londres, 1861; *Village-Communities in the East and West*, Londres, 1871.

MCLENNAN, J. F., *Primitive Marriage*, Londres, 1865; *Studies in Ancient History*, Londres, 1886 e 1896.

MORGAN, Lewis H., *Systems of Consanguinity and Affinity of the Human Family*, Washington, 1871; *Ancient Society*, Londres, 1877.

SMITH, W. Robertson, *Kinship and Marriage in Early Arabia*, Londres, 1885; *Lectures on the Religion of the Semites*, Londres, 1889.

SPENCER, Herbert, *The Study of Sociology*, Londres, 1872; *The Principles of Sociology*, Nova Iorque, 1882-1883.

STEINMETZ, S. R., *Ethnologische Studien zur erstent Entwicklung der Strafe*, Leiden e Leipzig, 1894.

TYLOR, Sir Edward, *Researches into the Early History of Mankind*, Londres, 1865; *Primitive Culture*, Londres, 1871.

WESTERMARCK, Edward, *The History of Human Marriage*, Londres, 1891.

SÉCULO XX

BENEDICT, Ruth, *Patterns of Culture*, Boston e Nova Iorque, 1934.

CASSIRER, Ernst, *An Essay on Man*, New Haven, 1944.

COLLINGWOOD, R. G., *The idea of History*, Oxford, 1946.

DURKHEIM, Émile, *Les Formes Élémentaires de la Vie Religieuse*, Paris, 1912. (Trad. inglesa *The Elementary Forms of the Religious Life*, por J. W. Swain, Londres, 1915).

GINSBERG, M., *Reason and Unreason in Society*, Londres, 1947.

GRÖNBECH, V., *The Culture of the Teutons*, 2 vols., Copenhaga e Londres, 1931. (Trad. da edição dinamarquesa de 1909-1912).

HOBHOUSE, L. T., *Morals in Evolution*, Londres, 1906.

HUBERT, H. e Mauss, M., «Esquisse d'une Théorie Générale de la Magie», em *L'Année Sociologique*, T. VII, Paris, 1902-1903.

HSU, Francis I. K., *Clan, Carte and Club*, Nova Iorque, 1963.

LÉVY-BRUHL, L., *Les Fonctions Mentaes dans les Sociétés Inférieures*, Paris, 1912. (Trad. inglesa *How Natives Think*, por Lilian A. Clare, Londres, 1926); *La Mentalité Primitive*, Paris, 1922. (Trad. inglesa *Primitive Mentality*, por Lilian A. Clare, Londres, 1923).

LÉVI-STRAUSS, C., *Les Structures Élémentaires de la Parenté*, Paris, 1949.

LOWIE, R. H., *Primitive Society*, Londres, 1920.

MACLEVER, R. M., *Society*, Londres, 1937.

MALINOWSKI, B., *Magic, Science and Religion and other Essays*, Glencoe (Illinois), 1948.

MARETT, R. R., *The Threshold of Religion*, Londres, 1909.

MAUSS, M., «Essai sur le Don», em *L'Année Sociologique*, N. S. 1, Paris, 1923-1924.

NIEBOER, H. J., *Slavery as an Industrial System*, Haia, 1900.

RADCLIFFE-BROWN, A. R., *The Social Organization of Australian Tribes (Oceania Monographs*, n.º 1), Melbourne, 1931; *Structure and Function in Primitive Society – Essays and Addresses*, Londres.

RIVERS, W. H. R., *Kinship and Social Organization*, Londres, 1914; *Social Organizatlon*, Londres, 1926.

SIMMEL, Georg, *Soziologie*, Leipzig, 1908.

TAWNEY, R. H., *Religion and the Rise of Capitalism*, Londres, 1926.

TEGGART, F. J., *Theory of History*, New Haven, 1925.

VAN GENNEP, A., *Les Rites de Passage*, Paris, 1909.

VINOGRADOFF, Sir Paul, *English Society in the Eleventh Century*, Oxford, 1908; *Outlines of Historical Jurisprudence*, Oxford, 1920.

WEBER, Max, *Wirtschaft und Gesellschaft*, 1921-1923. (Trad. inglesa *The Theory of Social and Economic Organization*, por A. R. Henderson e Talcott Parsons, Londres, 1947).

WIESE, Leopold von, *Allgemeine Soziologie*, Munique e Leipzig, 1924.

MONOGRAFIAS DE TRABALHOS DE CAMPO

ARENSBERG, Conrad M. e Kimball, Solon T., *Family and Community in Ireland*, Cambridge, 1940.

BROWN, A. R., *The Andaman Islanders*, Cambridge, 1922.

DRAKE, St. Clair e Cayton, Horace R., *Black Metropolis*, Nova Iorque, 1945.

EVANS-PRITCHARD, E. E., *Witchcraft, Oracles and Magic Among the Azande*, Oxford, 1937; *The Nuer*, Oxford, 1940.

FIRTH, Raymond, *We, the Tikopia*, Londres, 1936.

FORTES, M., *The Dynamics of Clanship among the Tallensi*, Oxford, 1945; *The Web of Kinship among the Tallensi*, Oxford, 1949.

FORTES, M. e Evans-Pritchard, E. E. (orgs.), *African Political Systems*, Oxford, 1940.

FORTUNE, R. F., *Sorcerers of Dobu*, Londres, 1932.

HUNTER, Monica, *Reaction to Conquest*, Londres, 1936.

JUNOD, H. A., *The Life of a South African Tribe*, 2 vols., Neuchatel e Londres, 1912-1913.

KUPER, Hilda, *An African Aristocracy: Rank among the Swazi*, Oxford, 1947.

LAFITAU, Joseph François, *Mœurs des Sauvages Amériquains*, Paris, 1724.

MALINOWSKI, B., *Argonauts of the Western Pacific*, Londres, 1922; *Crime and Custom in Savage Society*, Londres, 1926; *Coral Gardens and their Magic*, Londres, 1935.

MEAD, Margaret, *Coming of Age in Samoa*, Londres, 1929; *Growing up in New Guinea*, Londres, 1921.

NADEI, S. F., *A Black Byzantium*, Oxford, 1942.

PERISTIANY, J. G., *The Social Institutions of the Kipsigis*, 1939.

RATTRAY, R. S., *Ashanti Law and Constitution*, Oxford, 1929.

REDFIELD, Robert, *The Folk Culture of Yucatan*, 1941.

RIVERS, W. H. R., *The Todas*, Londres, 1906.

SCHAPERA, L, *A Handbook of Tswana Law and Custom*, Oxford, 1938; *Married Life in an African Tribe*, Oxford, 1940.

SELIGMAN, C. G. e SELIGMAN, B. Z., *The Veddas*, Cambridge, 1911.

SMITH, E. W. e Dale, A. M., *The Ila-Speaking Peoples of Northern Rhodesia*, Londres, 1920.

SPENCER, Sir Baldwin e Gillen, F. J., *The Arunta*, 2 vols., Londres, 1927.